Angela Esther Metzger

Wahrheit aus Tränen und Blut

Theater in nationalsozialistischen Konzentrationslagern
von 1933 – 1945

Eine Dokumentation

Angela Esther Metzger

Wahrheit aus Tränen und Blut

Theater in nationalsozialistischen Konzentrationslagern
von 1933 – 1945

Eine Dokumentation

Verlag Erich Walter

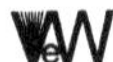

Impressum
©1996 by Verlag Erich Walter und der Autorin
Postfach 1641
82356 Weilheim

Herstellung: Libri Books on Demand
Unveränderter Nachdruck der lezten Auflage

Titelbild:
Frantisek Zelenka, Bühnenbild auf einem Dachboden in Theresienstadt (1942)
Herstellung: Kooperative Dürnau, Im Winkel 11, 88 422 Dürnau

ISBN 3–93 13 93–02–X

Inhaltsverzeichnis

1. Einleitung

Thema meiner Arbeit ist es, aufzuzeigen, was Menschen befähigte, in Extrem-, ja: Todessituationen Theater zu spielen.

Verschiedene Aspekte theatralischer Kultur innerhalb von Konzentrationslagern werden untersucht und dargestellt.

Das führt zu folgenden Fragen:

a) Was veranlaßte Menschen aller Schichten, kulturelles Leben neben Gaskammern zu entfalten?

b) Handelte es sich bei diesem Bemühen um «pervertiertes» oder um «Überlebens-Theater»?

c) Wie war es möglich und denkbar, daß sowohl Fachleute als auch Amateure, trotz des Bewußtseins, selektiert und vergast zu werden, Stücke von Wedekind, Gogol, Molière u. a. präzise zu inszenieren und aufzuführen wußten?

d) Wollten sie sich zur Wehr setzen, informieren, verdrängen, unterhalten oder lediglich einen Beruf ausüben?

e) Waren die Bande der Gesellschaft und Herkunft derart stark, daß deren zivilisatorische Funktionen dennoch intakt geblieben waren, obwohl alle Vernunft dagegen zu sprechen schien?

f) Wie ist Brechts bissiger Ausspruch: «Erst kommt das Fressen, dann kommt die Moral!»[1] anhand der aufgeführten Fakten zu interpretieren?

Dieser Fragenkomplex fordert naturgemäß umfassende Antworten.

Außerdem kommt es darauf an, festzustellen, inwieweit die Untersuchung objektiv gültig und übertragbar für und auf unsere Zeit ist. Das bezieht sich sowohl auf wirkungsästhetische Probleme (Mittel und Formen des Theaters u. ä.), wie andererseits personale, psychologische, politische, religiöse und künstlerische Konsequenzen für unsere Gesellschaft aufgezeigt oder doch angedeutet werden sollen.

Hier wird versucht, mögliche Annäherungen zu finden. Wer nicht selbst unmittelbar betroffen war, bleibt gezwungen, sich auf das zu verlassen, was ihm authentisch mitgeteilt wurde. In diesem Zusammenhang ist zu berichten, daß sich die Untersuchungen hauptsächlich auf das Theaterleben in den Konzentrationslagern

Börgermoor (1933),

Auschwitz,

Auschwitz II (Birkenau),
Buchenwald,
Dachau,
Ravensbrück
sowie in dem
Getto Theresienstadt
stützen.

Die Materialsammlung erwies sich einerseits als schwierig, da die vorhandene Fachliteratur das kulturelle Leben in Konzentrationslagern kaum behandelt. Andererseits gingen Dokumente, die über Theateraktivitäten Auskunft und Zeugnis zu geben vermochten, in den letzten Wirren des Krieges verloren.

Zudem wurden bei der Ankunft von Häftlingen in einem KZ oder bei ihrer Überführung in ein anderes den Inhaftierten alle schriftlichen Unterlagen abgenommen. Schon der Besitz eines Stücks Papier galt als «Widerstandsakt» und wurde entweder mit dem sogenannten «Bock» (25 Stockhiebe) oder mit der Exekution geahndet.

Infolgedessen bezieht sich meine Arbeit weitgehend auf Aussagen noch lebender ehemaliger KZ-Häftlinge (Interviews), autobiographische Texte und einige (leider nur wenige!) erhalten gebliebene Theaterstücke.

Folgende Personen und Institutionen halfen mir bei der Auffindung und Zusammenstellung der Fakten:

Mme. Atlan, Liliane, Schriftstellerin, Theaterautorin, Regisseurin, jüd. Herkunft, Israel, Frankreich

M. Brunet, Pierre, General, ehemaliger Angehöriger der Résistance und Häftling im KZ Neuengamme, Frankreich

B. D. J. C. – Bibliothèque de Documentation Internationale Contemporaine, Paris-Nanterre, Universität

CDJC Centre de Dokumentation Juive Contemporaine, 7, Rue Geoffrey l'Asnier, IVe Arondissement, Paris

F. N. D. J. R. P., Fédération Nationale des Déportés et Internés, Résistants et Patriotes, 10, Rue Leroux, XVIe Arrondissement, Paris

Mme. Floersheim, Simone, ehemalige Geschäftsfrau, während des II. Weltkrieges inhaftiert im KZ Auschwitz II (Birkenau), jüdischer Herkunft, Frankreich

8

Geschonneck, Erwin, Schauspieler, politischer Häftling (Mitglied der Kommunistischen Partei) im KZ Dachau, DDR

Frau Katz, Anne, Journalistin, BR Deutschland

M. Klarsfeld, Serge, Rechtsanwalt, jüdischer Herkunft, Frankreich

KZ-Museum und Archiv Dachau, Dachau

Maislinger, Adi, ehemaliger politischer Häftling (Mitglied der Kommunistischen Partei) im KZ Dachau, BR Deutschland

Mme. Marette, Fanny, Schauspielerin, ehemalige Angehörige des französischen Widerstands (Résistance) und inhaftiert im KZ Ravensbrück, Frankreich

M. Metzger, Fabrice, Techniker, jüdischer Herkunft, Frankreich

Frau Shan, Nava (Schön, Blasta), Schauspielerin, jüdischer Herkunft, ehemalige Inhaftierte des Gettos Theresienstadt und des KZ's Auschwitz, Tschechoslowakei / Israel

Prof. Dr. Wellers, Georges, Naturwissenschaftler und Schriftsteller, jüdischer Herkunft, ehemaliger Häftling der Durchgangslager Drancy und Compiègne, später im KZ Auschwitz, Frankreich

Yad Vashem, Dokumentationszentrum über den Holocaust der Juden im 3. Reich, Har Hazikaron, Jerusalem, Israel

Anmerkung: Aus Gründen des Datenschutzes und der persönlichen Sicherheit der privaten Auskunftgeber wird an dieser Stelle auf nähere Angaben in bezug auf Anschrift verzichtet. Notwendige Rückfragen können unmittelbar an die Verfasserin der Arbeit gerichtet werden.

«Die Kraft, allein die Kraft ist ehrenhaft!
So ruft das deutsche Volk in seiner Hoheit;
doch da man Kraft so schnell sich nicht verschafft,
begnügt man sich indessen mit der Roheit.»

Franz Grillparzer (1791 – 1872)

2. Allgemeine Einführung in die Geschichte der Konzentrationslager

Anlaß dieser kurzen und allgemeinen Einführung in die Geschichte der Konzentrationslager ist folgender:

Die Darstellung der Situation und ihr historischer Hintergrund sind einfach zu wichtig, um sie übergehen zu können. Wenn wir die Tragweite der Geschehnisse richtig begreifen wollen, müssen wir uns auch die grauenvollen Bedingungen, unter denen Leben stattfand, vor Augen halten. Dann erst erfassen wir, welchen Sinn und welche Art von Äquivalenz das Theater in einer solch pervertierten Welt besaß.

Ursprünglich schienen die nationalsozialistischen Konzentrationslager (1933 – 1945) nur ein anderes Element im klassischen Strafsystem der staatlichen Justiz, neben den Gefängnissen und Zuchthäusern, zu sein. Die nationalsozialistische Behörde deklarierte die Personen, die der administrativen Internierung unterstellt wurden, als aktive und gefährliche Gegner des Staates.

Zu Beginn war die Haft in den KZ noch als *«étant à vie»*[2] – als ein Erhalten menschlichen Lebens – vorgesehen. Bald jedoch unterschieden sie besonders zwei Eigenheiten von allen vorher gekannten und praktizierten Strafsystemen. Sie beinhalteten bestimmte Überlegungen mit einem doppelten Ziel:
- Entmenschlichung (Inhumanisierung) der Häftlinge, indem sie moralisch und intellektuell gedemütigt und ausgelöscht wurden;
- ihre physische Vernichtung in einem mehr oder weniger kurzen Zeitraum.

In Himmlers Anweisungen zum KZ Mauthausen z. B. wurde erklärt, daß die Rückkehr ins «normale Leben» der dort Eingewiesenen als *«unerwünscht»*[3] galt.

Oder wie es Eugen Kogon ausdrückt, lag der Hauptzweck der KZ *«in der Ausschaltung jedes wirklichen oder vermuteten Gegners der nationalsozialistischen Herrschaft. Absondern, diffamieren, entwürdigen, zerbrechen, vernichten – das waren Formen, in denen der Terror in Wirksamkeit trat.»*[4]

Dieser Terror wurde von langer Hand vorbereitet und war Produkt einer schrittweisen Freiheitsbeschränkung.[5] Betroffen davon waren schon 1933 alle potentiellen und tatsächlichen Personen des Widerstands. Im Jahre 1935, nach Verabschiedung der Nürnberger Rassengesetze, verschärfte sich dieser Zustand. Seinen vorläufigen Höhepunkt erreichte er am 9. November 1938 (Reichskristallnacht). Dieses von der NSDAP inszenierte und straff organisierte Pogrom richtete sich generell gegen alle jüdischen Bürger des Deutschen Reiches.

Der Katalog der Diskriminierung und Verfolgung enthielt u. a. nachstehende Punkte:
- Beschränkung der Bewegungsfreiheit (Ausgangsverbot),
- Berufsverbote,
- Absprechen jeglicher akademischer Titel,
- willkürlich ersonnene radikale Veränderungen des gewohnten Milieus, verbunden mit dem Verlust von Besitz und Vermögen,
- Verbot der Eheschließung zwischen arischen und nichtarischen Menschen.

Wenn sich jemand vor Augen hält, daß die Verfolgten (Juden, politisch Andersdenkende, Christen, Sinti und Roma etc.) in ständiger Angst vor Spitzeln lebten, plötzliche Verhaftungen durch die Geheime Staatspolizei (Gestapo) und Deportation zu befürchten hatten, in dauernder Sorge um sich und ihre Familienangehörigen bangten, begreift er vielleicht das ganze Ausmaß der NS-Tyrannei schon zu Anfang der Machtübernahme durch Hitler.

Die Periode zwischen 1933 und 1939 begann mit der Gründung des Arbeitslagers Börgermoor, des KZ's Oranienburg bei Berlin durch die Sturmabteilung (SA) schon gleich nach dem Januar 1933. Im selben Zeitraum errichtete die Schutzstaffel (SS) das KZ Dachau. 1934 wurde Sachsenhausen in Betrieb gesetzt und 1937 Buchenwald (siehe Übersichtskarte S. 12/13.

Nur ein Jahr lang blieben Dachau, Buchenwald, Oranienburg, Sachsenhausen die Basis des Konzentrationslager-Systems. Nach dem Anschluß Österreichs (1938) folgten Mauthausen und 1939, nach dem Einmarsch in die Tschechoslowakei, das Getto Theresienstadt. Speziell für Frauen wurde im selben Jahr das Lager Ravensbrück eingerichtet.

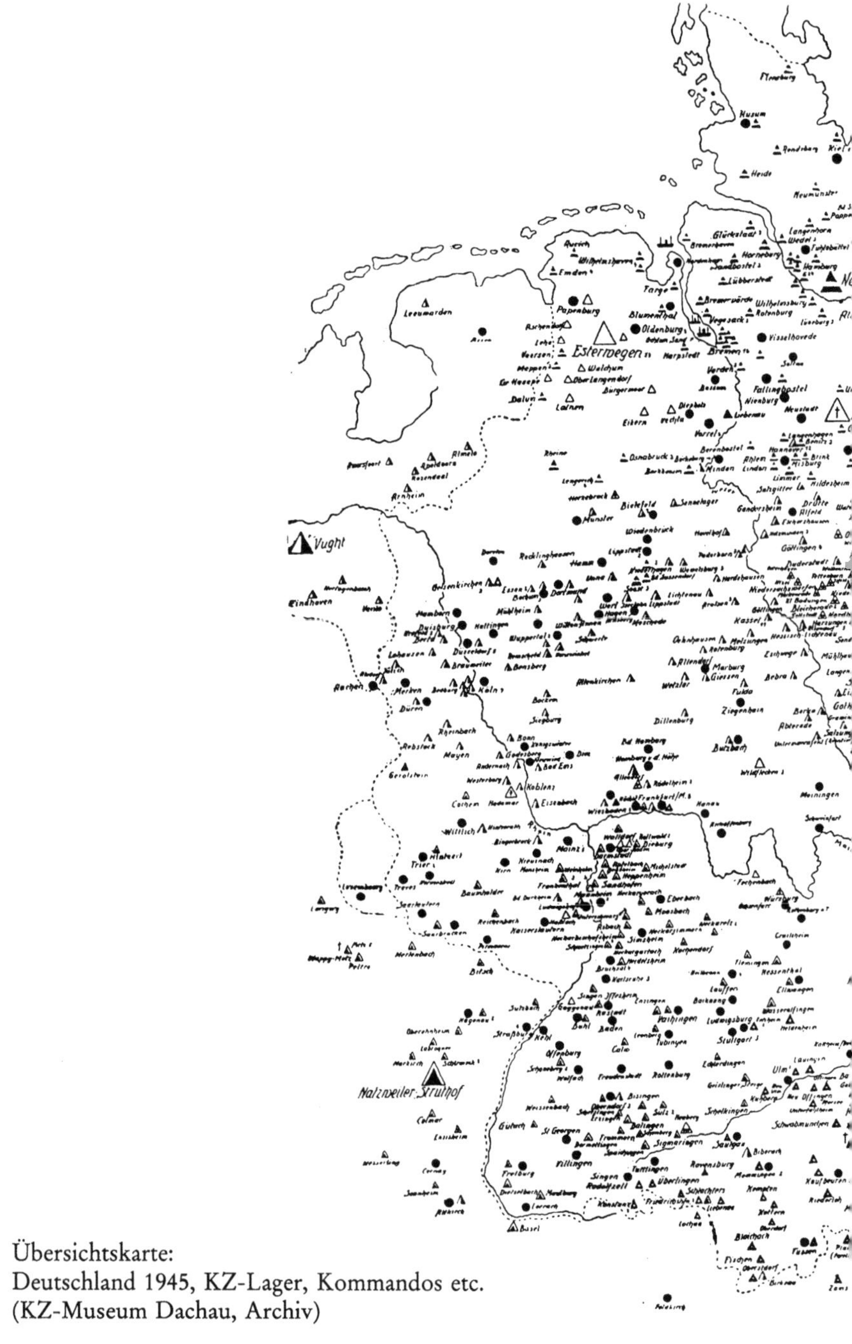

Übersichtskarte:
Deutschland 1945, KZ-Lager, Kommandos etc.
(KZ-Museum Dachau, Archiv)

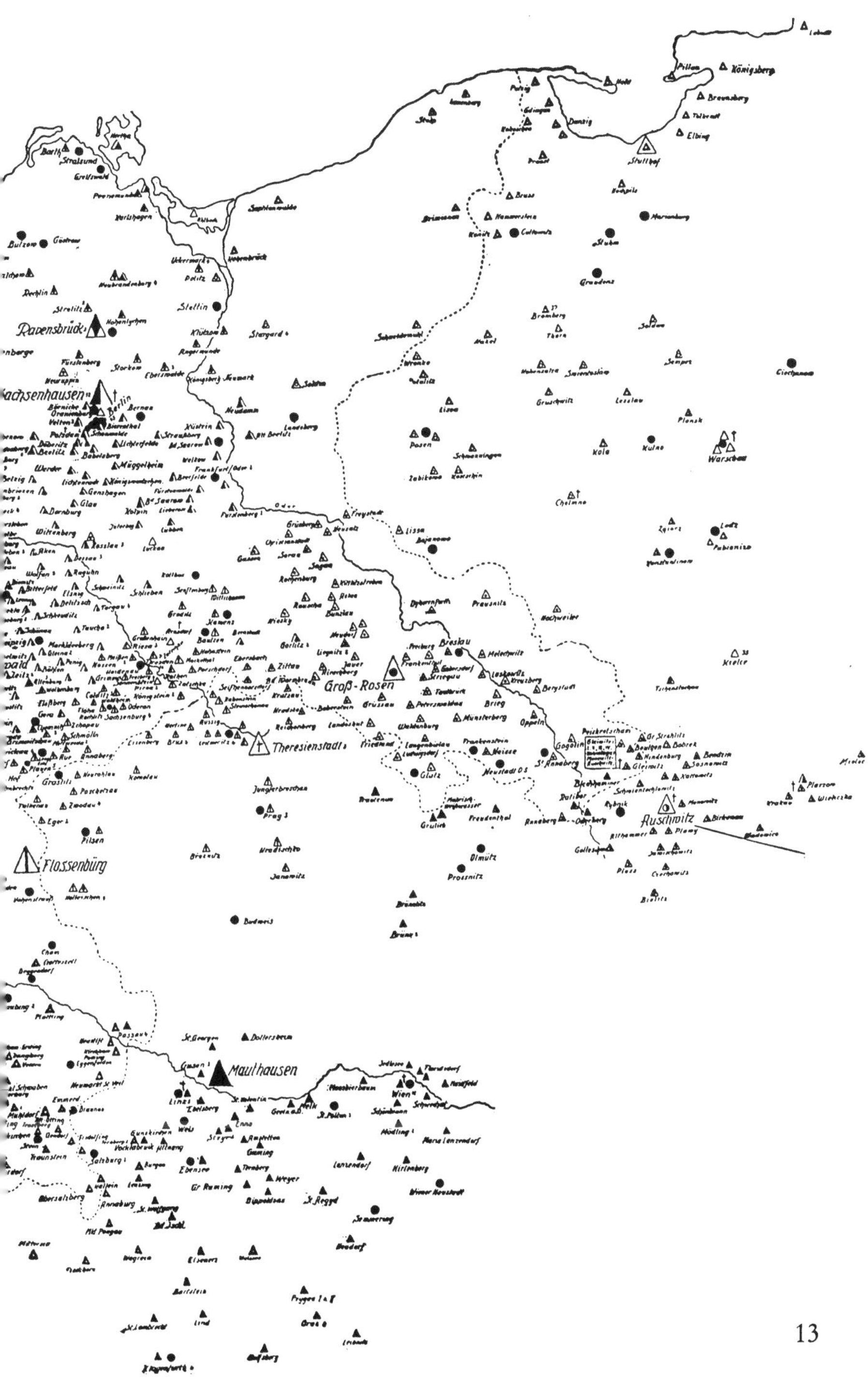

Barth
Stralsund
Greifswald
Peenemünde
Bützow
Güstrow
Karlshagen
Ahlbeck
Saßnitz
Wolgast
Usedom
Putzig
Zoppot
Danzig
Pillau
Königsberg
Braunsberg
Tolkemit
Elbing
Stutthof
Bruss
Hochpils
Grimmenau
Hammerstein
Marienburg
Konitz
Cultowitz
Stuhm
Ravensbrück
Hohenlychen
Fürstenberg
Storkow
Neuruppin
Neubrandenburg
Politz
Stettin
Stargard
Schneidemühl
Nakel
Bromberg
Thorn
Soldau
Graudenz
Sachsenhausen
Berlin
Bernau
Oranienburg
Velten
Potsdam
Birkenwerder
Küstrin
Strausberg
Landsberg
Neudamm
Posen
Schwenningen
Kolo
Kutno
Warschau
Hohensalza
Gnesen
Lissa
Gruschwitz
Lesslau
Plonsk
Ciechanau
Werder
Königswusterhausen
Frankfurt/Oder
Beeskow
Fürstenwalde
Zabikowo
Konarzin
Chelmno
Zgierz
Lodz
Pabianice
Darnburg
Jüterbog
Lübben
Glau
Kolpin
Bad Saarow
Oder
Fürstenberg
Grünberg
Neusalz
Lissa
Bojanowo
Konstantinow
Wittenberg
Aken
Dessau
Luckau
Gassen
Sorau
Sagan
Reichenburg
Wittichenau
Rohen
Bunzlau
Dyhernfurth
Prausnitz
Hochweiler
Wolfen
Raguhn
Zollhaus
Schlieben
Rothenburg
Rietschen
Niesky
Hradek
Kielce
Bitterfeld
Elsnig
Torgau
Bautzen
Horka
Görlitz
Liegnitz
Jauer
Freiburg
Breslau
Molschwitz
Tirschtiegel
Delitzsch
Grodkil
Arnsdorf
Kamenz
Bernstadt
Hirschberg
Frankenthal
Gabersdorf
Kreppau
Laskowitz
Kreuzburg
Bergstadt
Markkleeberg
Meißen
Kesseldorf
Eberbach
Zittau
Mittelbau
Heidenau
Pirna
Bad Warmbrunn
Groß-Rosen
Tautewit
Münsterberg
Oppeln
Peiskretscham
Gr. Strehlitz
Beuthen
Bobrek
Coldtitz
Königstein
Zschopau
Reichenberg
Landeshut
Waldenburg
Bobrowin
Grussau
Petermaldau
Brieg
Blechhammer
Gleiwitz
Kattowitz
Sosnowitz
Bendsin
Myslice
Annaberg
Eisenberg
Bruix
Leitmeritz
Theresienstadt
Friedland
Ludwigsdorf
Frankenstein
Neisse
St. Annaberg
Hindenburg
Plaßow
Kratzau
Wirbitzka
Plauen
Hof
Graslitz
Poschofras
Komotau
Jungferndorf
Mährisch-Weißwasser
Glatz
Neustadt O.S.
Daliber
Rybnik
Auschwitz
Birkenau
Eger
Zwodau
Prag
Braunsau
Freudenthal
Ranzberg
Odersberg
Rithammer
Plawy
Wladowice
Pilsen
Grulich
Golleschau
Jawischowitz
Flossenbürg
Brüsnitz
Hradischko
Olmütz
Prossnitz
Pleß
Czechowitz
Bialitz
Hohenstraß
Wittichenau
Budweis
Brennschin
Brünn
Chan
Chottesdorf
Braunsdorf
Passau
St. Georgen
Dollersheim
Harting
Gusen
Mauthausen
Sedlnice
Floridsdorf
Maasbierbaum
Wien
Rastfeld
Linz
Edelsberg
St. Valentin
Krems a.d.
St. Pölten
Schönbrunn
Schwechat
Mödling
Maria Lanzendorf
Wels
Enns
Steyr
Ruprechtshofen
Gaming
Neumarkt St. Veit
Emmen
Braunau
Gunskirchen
Attnang
Vocklabruck
Ternberg
Lanzendorf
Kirlenberg
Wiener Neustadt
Traunstein
Salzburg
Bürgen
Ebensee
Weyer
Überselsberg
Annaburg
Gr. Raming
St. Wolfgang
Bischofhofen
St. Peggd
Braunrung
Alt Pongau
Bad Ischl
Mötneos
Eisenerz
Vordsorf
Bartstein
Peggau
St. Lambrecht
Lind
Puppes I u. II
Graz
Irrbach
St. Ägyen/ort

Während dieser Aufbauphase setzten sich die Inhaftierten fast nur aus deutschen Staatsbürgern zusammen: Christen, Demokraten, Liberale, Sozialisten, Kommunisten. Auch Homosexuelle, Zeugen Jehovas und Kriminelle wurden eingewiesen. Der Zustrom von Juden in die Lager begann besonders ab 9. November 1938. Mit Beginn des Krieges, 1939, stieg sowohl die Anzahl der KZ als auch der Häftlinge enorm. Dieser Zustand änderte sich bis 1944 nicht mehr.

Folgende Lager wurden gegründet:

Deutschland:	Groß-Rosen / Schlesien,
	Neuengamme bei Hamburg,
	Flossenbürg bei Nürnberg,
	Bergen-Belsen bei Hannover
Polen:	Auschwitz (Stammlager)
	Auschwitz II (Birkenau),
	Auschwitz III (Monowitz),
	Kaisko,
	Sobibor,
	Maidanec,
	Treblinca
Sowjet-Union:	Riga,
	verschiedene Lager in Estland
Griechenland:	Saloniki
Belgien:	Breendonk
Niederlande:	Westerbork
Frankreich:	Compiègne (Durchgangslager),
	Drancy (Durchgangslager),
	Pitihiers,
	Beaune-La-Rolande,
	Natzweiler-Struthof (Elsaß) ...

Gleichlaufend mit der Errichtung neuer KZ erweiterte man die alten Lager durch sogenannte Außen- und Unterkommandos.[6] Betrachtet man die beigefügte Skizze (s. S. 12/13), dann ist ersichtlich, daß von ihnen quasi alle Regionen abgedeckt wurden. Das Deutsche Reich und die besetzten Gebiete waren von Gefangenen-Arealen förmlich übersät.

Während des aufgeführten Zeitraumes nahmen die Gruppen der Inhaftierten den Charakter einer internationalen Gemeinschaft an. Jedes von Hitler besetzte und unterworfene Land besaß zahlreiche Re-

präsentanten unter den Internierten: Flüchtlinge aus dem «republikani-
schen» Spanien, Staatsangehörige neutraler Länder und selbst Bürger
der alliierten Nationen ...[7]
Sie alle erlitten das gleiche Schicksal.[8]

2.1. Ziele der Konzentrationslager

Selbstverständlich lag es zunächst in der getarnten Absicht der Macht-
haber, sich der Häftlinge als «Material» zu bedienen.
*«Das Lager Dachau war ein Trainingslager für die SS-Angehörigen.
Dort haben sie zunächst einmal gelernt, wie man mit uns Häftlingen
umzugehen hatte.»*[9]
Dazu kam die wirtschaftliche Ausbeutung der Gefangenen (billige
Arbeitskräfte). In den Außenkommandos (z. B. bei Krupp-Stahl, in
der Rüstungsindustrie oder in Klinkerwerken etc.) mußten sie sech-
zehn Stunden pro Tag oder länger arbeiten – bei einer lächerlich bemes-
senen Essensration. Die Arbeit am Sonntag bildete keine Ausnahme.
Der Verdienst, der lediglich Pfennigbeträge ausmachte, kam nicht selten der Lagerführung zugute.[10]
*«Von dem Geld, das wir im Klinkerwerk bei Neuengamme angeblich
verdienten, haben weder ich noch meine Kameraden etwas gesehen.
Das haben die Lagerführer für sich behalten.»*[11]
Nicht selten dienten die KZ-Insassinnen und -Insassen als willkom-
mene «Versuchskaninchen» bei medizinisch-physikalischen For-
schungsprojekten.[12]
Um es noch einmal anders auszudrücken: Die Gefangenen sollten
total inhumanisiert und als Nummern behandelt werden, all ihrer
Grundrechte und ihrer Würde beraubt.
«Überflüssigerweise werden wir euch hier ernähren», lautete der
wörtliche Ausspruch eines SS-Mannes im KZ Dachau.[13]
Ohne die völlige Bandbreite der Zielvorstellungen der nationalsozialistischen Führer hier ausbreiten zu wollen in bezug auf ihre KZ-

Politik, muß eingefügt werden, daß der psychologische Hintergrund Hitler'scher und Rosenberg'scher Rassentheorie und die damit verbundene Ausmerzung der «Untermenschen» u. a. mit dem sogenannten Begriff des «Sündenbockphänomens» erklärt werden kann.

Das eigene menschliche Versagen wurde auf Unschuldige projiziert.

Ob das bewußt oder unbewußt geschah, läßt sich nicht leicht feststellen; aber für die breite Öffentlichkeit, eingeschlossen das Ausland, stellten die Nationalsozialisten die Internierung von Regimegegnern und -kritikern als einen notwendigen Akt der Umerziehung dar.

Diese Weise des Versteckspielens hatten sie mit allen despotischen Systemen gemein.

«In zweifelhaftem Kampf

Zahllose Scharen wohlbewährter Geister,
Die seiner Herrschaft trotzten und,
mir folgend,
Der stärksten Macht sich feindlich widersetzten,
In zweifelhaftem Kampf am Himmelsplan.
Sein Thron erbebet. Was, wenn der Kampf verlor'n?
Noch ist's nicht alles: Der ungebeugte Wille,
Der Rache Streben, Haß, der nimmer stirbt,
Mut, der sich niemals unterwirft noch weicht,
Und was ist sonst nicht zu bewältigen?»

John Milton (1608 – 1674)

3. Warum Theater im KZ?

Die eingangs kurz skizzierten Schilderungen der physischen wie psychischen Unterdrückung der Menschen in den KZ machten bereits deutlich, daß konstanter Nahrungsmangel, Krankheiten, unhygienische Zustände, Schwerstarbeit und Folterungen den Tod vieler Häftlinge verursachten.

Aber viele der neu Deportierten erlagen den Strapazen eher als jene, die schon lange Zeit den Haftbedingungen unterworfen waren.[14]

Immer dann, wenn es dem System gelungen war, Inhaftierten allen inneren Halt, Selbstbewußtsein und Selbstachtung, Familie, Umwelt und die gewohnte Gesellschaftsstruktur zu nehmen, traten Verwahrlosung, Apathie, Verlust moralischer und ethischer Wertvorstellungen auf, die unausweichlich zur Aufgabe des Persönlichkeitsbildes, ja sogar bis zum Tode führten.

Es galt deshalb, sich gegen diese Demoralisierung zu wehren und lebensbejahende Initiativen zu ergreifen.

Das Äquivalent zu Terror und Vernichtung hieß für einige folgerichtig, Dinge zu tun, die scheinbar nichts mit der Realität der Lager gemein hatten. Sie besannen sich auf ihre musischen, pädagogischen, organisatorischen, theologischen, künstlerischen Fähigkeiten und hielten Vorträge, Seminare und Kurse, befaßten sich mit Musik, unterrichteten, bauten Bibliotheken auf, trieben Sport, zelebrierten Gottesdienste u. a. m..

Die Verfasserin beschränkt sich hier allein auf den Bereich des Theaters; denn darin sieht sie hypothetisch alle oben angeführten Komponenten gewissermaßen enthalten. Gleichsam steht für sie Theater exemplarisch als Symbol der Gesamtkultur und Humanität.

Um diese Annahme zu untermauern und in den Bezug zur Theaterarbeit im KZ zu bringen, ist es erforderlich, in einem besonderen Kapitel zunächst allgemein auf gängige Theatertheorien einzugehen.

Das hat den Vorteil, entweder am Kontrast oder am parallelen Verlauf einsichtig zu machen, was sich «abspielte».

3.1. Allgemeine Definitionen und Kommentare im Kontext zur Situation im KZ

Um aufzuzeigen, welche theater-theoretische «Erbschaft» Schauspieler und Regisseure während ihres Lageraufenthaltes zu verwirklichen trachteten, stützt die Autorin sich in geraffter Form auf wenige, aber wesentliche und geläufige Definitionen und Anschauungen vom Theater generell, wie sie – ausgehend von der Antike, fortgeführt über die Klassik – einmündeten in die erste Hälfte unseres Jahrhunderts. Selbstverständlich wird hier kein Anspruch auf Vollständigkeit erhoben. Es geht nicht darum, die Geschichte und Entwicklung der mimischen Kunst zu beschreiben. Es sollen auch nicht alle möglichen Thesen formuliert werden, sondern nur solche, die Parallelen aufweisen zu den theatralischen Ereignissen innerhalb der KZ.

3.1.1. Behauptungen I:

- Wesentliche Eigenschaft des Theaters ist es, alle Formen des Lebens, besonders aber menschliche Beziehungen zu- und gegeneinander darzustellen. Das geschieht im Spiel auf der Bühne.
- Spiel ist nicht unmittelbare Wirklichkeit; aber es spiegelt sie wider, bildet sie nach oder ab.
  Damit wird gleichsam eine höhere Ordnung erschlossen, der sich Menschen zu unterwerfen haben (religiöse, ethische, moralische, soziale, politische Wertvorstellungen werden geweckt, vertieft, angenommen oder auch verworfen).
- Alle derart geschaffenen oder nachgeschaffenen Ideen besitzen Vorbildcharakter. Sie müssen sich jedoch an der Kritik der Zuschauer messen lassen.

– Die jeweilige Zeitkultur findet immer ihre stoffliche und formale Entsprechung im Theaterspiel.
– Nach Meinung der Verfasserin wirkt es durch seine unmittelbare Spannung zwischen Spielern und Publikum intensiver als jede andere Kunstgattung auf Beteiligte ein.

Wir haben davon auszugehen, daß Theatermacher im KZ grundsätzlich ihre verfestigte Grundhaltung und Bildung mit ins «Spiel» brachten. Sie bauten klassische Theatertheorien und religiöse Inhalte ebenso ein, wie sie andererseits revolutionäres Theater oder Kabarett anstrebten, das seine Wurzeln vielleicht in der Sturm- und Drangzeit hatte.

Natürlich gingen sie nicht hin und bastelten erst eine Theorie, um dann nach einem solchen «Leitfaden» zu arbeiten. Oft handelten sie aus dem unbewußten Reflex heraus, was jedoch stets auch die immanente Struktur ihrer ursprünglichen Ideen erkennen ließ.

So berichtete Mme. Fanny Marette in einem Interview:
«Es war an einem Abend in der Baracke. Meine Kameradinnen saßen so traurig herum, richtig mutlos. Da dachte ich mir, du mußt etwas machen. Du mußt sie zum Lachen bringen. So begann ich dann mit einem Hocker und einer Schüssel, die einen Hut, eine Melone, darstellte. Das waren die einzigen Requisiten. Ich spielte den ‹Herrn im Kino› ...»[15]
In einem anderen Falle heißt es:
«... Ich habe sehr viele Geschichten und Erzählungen auswendig gekonnt», sagte Frau Shan in ihrem Gespräch mit Gershon Ben-David; *«und ich habe auch Lust gehabt, vorzulesen; und es waren auch immer Leute, welche gewußt haben, daß ich diese Möglichkeit habe. Also immer am Abend – es war kein Licht usw. – hat man mich gebeten: ‹Vielleicht können Sie was vorlesen.› Wir haben keine Bücher gehabt – und ich wußte es auswendig. Ich konnte ganze Bücher auswendig ... – und so habe ich ein bißchen unter den jungen Leuten gegangen und etwas vorgetragen ...»*[16]
Gewiß steht fest, daß im Kontext zum KZ-Theater z. B. auch expressionistisches Gedankengut (Wedekind), Lehrstücke (Brecht, Piscator), «Moralische Anstalt» (Theater als Bildungsstätte der bürgerlichen Gesellschaft in der Klassik) mitgedacht worden waren, selbst wenn man sich nicht unmittelbar darüber ausließ.

Im KZ erlebten die Eingesperrten, daß sämtliche Grundelemente des Lebens zurückgeführt waren auf einfachste und allernotwendigste Äußerungen.

Es ging den Häftlingen *scheinbar* nur noch um das Essen, Trinken,

Schlafen, sich Reinigen, Wärmen, Schützen, Überleben. Damit wurde Dasein in seiner Urstruktur gewährleistet.

Aldolf Rudnicki, Häftling in Buchenwald, empfand das so: *«Wir, die wir die Kunst liebten, fühlten uns betrogen. Achtung vor dem Menschen, Demut vor dem Reichtum der menschlichen Seele – das hatte uns die Welt gelehrt. Und was sahen wir jetzt? Eine Welt, in der man aus Menschen Seife, aus Mädchenhaar Matratzen machte, eine Welt, deren Ungeheuerlichkeit keinen Vergleich zuließ.»*[17]

Folglich schien Brecht im Recht gewesen zu sein, als er formuliert hatte: «Erst kommt das Fressen, und dann kommt die Moral!»

Dennoch widerlegt eine Begebenheit aus dem KZ Auschwitz-Birkenau, daß der Ausspruch des Dichters Allgemeingültigkeit besitzt:

Charlotte Delbo[18], eine französische Schauspielerin jüdischer Abstammung, traf im Lager auf ein junges Zigeunermädchen. Sinti und Roma waren nicht getrennt nach Frauen, Männer und Kindern untergebracht, sondern lebten in sogenannten Familienlagern. Entgegen den Gepflogenheiten, durften sie sich innerhalb der Umzäunungen und Verhaue frei bewegen. Sie nutzten diese Möglichkeit, Eßwaren etc. (Zwiebeln, Brot, Zigaretten, Kleidungsstücke ...) zu «organisieren» und damit zu handeln.

Das Mädchen bot Frau Delbo ein Exemplar des «Misanthropen» von Molière zum Kauf an. Im normalen Buchhandel kostete das Heft vielleicht einen Franc. Im KZ war jedoch eine andere Währung gültig: Brot!

Charlotte Delbo erwarb, ungeachtet ihres unerträglichen Hungers, den Band für eine Tagesration Brot. «Qui a jamais payé un livre aussi cher?» (Wer hat jemals ein Buch so teuer bezahlt?)[19]

Als jedoch ihre Freundinnen erfuhren, warum sie an diesem Tage auf Nahrung verzichtet hatte, schnitten sie spontan von ihrer Ration jeweils eine Scheibe ab, um sie ihr zu geben.

Offensichtlich wird der Mensch stärker, wenn er über sich hinausdenkt, wenn er – auf welche Weise immer! – die Idee der Humanität realisieren kann. Es geht ihm also nicht nur um das Sein, sondern zugleich um das Wesen.

Deshalb war es unmöglich, im KZ alle Wertkategorien total auszuräumen (Wie gern hätten die Wächter bewiesen, daß sie mit ihren Theorien vom «Untermenschen» recht behalten hätten!).

Offenbar griffen die Inhaftierten nicht allein aus Überlebensgründen zum Anker des Künstlerischen etc.; sie trachteten danach, die Substanz

des Humanen zu erhalten! Sie holten das Wahre, Gute und Schöne
zu sich herein. Damit retteten sie zugleich die Prinzipien der Hoffnung
und des Trostes.

3.1.2. Behauptungen II

– Theater ist Anstalt des Wahren: In ihm wird die Funktion der Wirk-
lichkeit erfaßt. Menschen lassen ihre Erkenntnisse vom Sein und
Werden, von Leben und Tod ins Spiel einfließen.
So spiegelt es eine höhere, unaufhebbare Weise des Existentiellen
(Seienden) und des Essentiellen (Wesentlichen) wider!
– Theater ist Anstalt des Guten: In ihm werden die verschiedenen
Dimensionen der Wirklichkeit im Spiel erprobt und geprobt.
Da die Funktionen des Guten drohen, verloren zu gehen, müssen
sie spielerisch wiederholt werden. So manifestieren sich erneut ver-
schiedene Weisen des Mit- oder Gegeneinanders innerhalb der thea-
tralischen Abläufe. Tugenden des Menschen (Glauben, Hoffnung,
Liebe, Klugheit, Gerechtigkeit, Tapferkeit, Zucht und Maß) stehen
im Spiel den Lastern und Verbrechen der Zeit gegenüber (Lüge,
Haß, Verdummung, Mord ...)
– Theater ist Anstalt des Schönen: Wenn alle Begriffe des Ästhetischen
pervertiert werden, müssen Künstler für andere und sich die Welt
ausstatten mit zeitlosen Formen, deren Gesetzlichkeit nicht umge-
stoßen werden kann. Das heißt: Form und Inhalt sollten einander
entsprechen, mindestens dem Ideal des Wahren und Guten angenä-
hert werden. Schönheit ist für sich allein nicht denkbar. Sie erscheint
sonst hohl und brüchig.
– Insofern scheint noch einmal bewiesen (oder doch fragwürdig gemacht) worden zu sein, daß Brechts Slogan einen Wesenskern des
Menschen ausklammert oder übersieht.
Nicht nur innerhalb der KZ war nachweisbar, daß der Wunsch nach
kulturellen Bezügen unverdrängbar blieb. Das galt auch für Kriegsgefangene. Nahrungsmangel bewirkte, daß z. B. Soldaten aller Schichten
Kochrezepte verfaßten. Sie stellten so dar, daß hinter oder über dem
tristen Alltag der Prisonniers eine Welt ohne Hunger vorhanden war.
Wenn man will, gilt das ebenfalls als eine Art der Sublimierung, die Stu-
fe um Stufe fortgesetzt wurde: Vom Kochrezept bis zum Theaterspiel.
Die Dimensionen des Kulturellen, vorhanden in den verschiedenen
Weisen des Religiösen, Philosophischen, Politischen und Musischen,

fanden und finden immer wieder ihren Niederschlag, mögen die Nöte noch so groß sein.

Noch ein Beispiel für viele:

Der Schriftsteller Alfred Müller-Felsenburg schrieb über den Rabbiner Leo Baeck einmal: «... *Hier (Anm. der Verfasserin: Theresienstadt ist gemeint) wartete das Unglück auf ihn; aber er war nicht der Mann, sich unterkriegen zu lassen. Man übertrug ihm den Abtransport des Unrats im Lager ... Aller Dreck und Abfall, vor allem menschlicher Kot, mußten fortgeschafft werden. Dazu erhielt Baeck weder Pferd noch Lastwagen. Karren mußten es tun, Handkarren! Häftlinge füllten und leerten sie. In einer Wolke von Gestank verbrachte der Rabbiner seine Tage ... Mit ihm war ein holländischer Universitätsprofessor zu derartigem Tun verurteilt; und während beide Männer ihrer Arbeit nachgingen, die ungewohnt war und erniedrigend wirken sollte, unterhielten sie sich über Probleme der Philosophie. Man stelle sich das vor: Zwei kluge, schon ältere Herren schaufeln Schmutz und Exkremente auf einen Karren und fragen: ‹Was ist Weisheit? Woher kommt der Mensch? ...› Heimlich hielt Baeck auf den Dachböden des Lagers Vorträge über große Denker aller Zeiten. Und das im Angesicht des Todes ...*»[20]*

Ein ebenso eindrucksvolles Zeugnis in bezug auf das, was in diesem Kapitel angeführt und behauptet wurde, legte Hanna Lévy-Haas ab. Sie stammte aus Jugoslawien, war Lehrerin und wurde ins KZ Bergen-Belsen eingeliefert. Dort kümmerte sie sich vor allen Dingen um die Kinder des Lagers. Sie unterrichtete sie, veranstaltete Feiern (darauf wird später noch einmal zurückgegriffen), rezitierte und hielt ihre Schützlinge an, sich nicht zu verlieren.

In ihrem Buch «Vielleicht war das alles erst der Anfang – Tagebuch aus dem KZ – Bergen-Belsen 1944» heißt es wörtlich: «*Was ist aus ihnen geworden, aus diesen ethischen Gesetzen und Begriffen? Haben sie hier nichts zu bedeuten? Doch, ich bin fest und tief davon überzeugt, daß diejenigen nicht sterben, nicht zugrunde gehen werden, für die ethische Prinzipien grundlegende Gesetze darstellen, die ihnen zur zweiten Natur geworden sind, zu ihrem ‹menschlichen Instinkt›, würde ich sagen, der ihren tierischen Instinkt ersetzt ...*
In diesem bestialischen Kampf, der um sie her wütet, sind sie nicht dem endgültigen Verschwinden geweiht. Ich bin auch überzeugt, daß es schließlich auch mir gelingen wird, meine Lage zu meistern, meine Grundsätze aufrechtzuerhalten, dem Menschlichen zum Durchbruch zu verhelfen ...»[21]

3.2. Theater im KZ als spritueller Widerstand?

Charlotte Delbo beschreibt die Gefahr der inneren Auflösung bei den Häftlingen dergestalt: *«Sie sagen, man kann einem Menschen alles nehmen, außer seiner Fähigkeit zu denken und seine Vorstellungskraft? Sie wissen es nicht! Man kann aus einem menschlichen Wesen ein Skelett machen oder eine Traufrinne von Durchfall, ihm die Zeit zum Denken nehmen, die Kraft zum Denken. Die Phantasie ist der erste Luxus des Körpers, der genügend Nahrung erhält, sich eines Zipfels freier Zeit erfreut. Er verfügt über Ansätze, seine Träume zu gestalten. In Auschwitz träumte man nicht, man lag im Delirium. Indessen, so fragen Sie, trug nicht jeder sein ‹Gepäck› der Erinnerungen mit sich? Nein! Die Vergangenheit war uns keinerlei Hilfe, keine Quelle. Sie war unrealistisch, unglaubwürdig geworden. Alles das, was unsere Existenz zuvor ausgemacht hatte, bleichte aus.»*[23]

Die Häftlinge kämpften darum, sich aus der geistigen Isolation zu befreien. Es sei hier erinnert an Stefan Zweigs «Schachnovelle» (1941), die ja beileibe nicht nur eine literarische Erfindung war, sondern akribisch den Zustand eines Mannes beschreibt, der sich verzweifelt dagegen wehrt, total «ausgenommen» zu werden und dies nur schafft, weil er als Hilfsmittel ein Buch mit Schachpartien einsetzen kann. Die konzentrierte Beschäftigung damit bewahrt ihn vor dem Abfall in den Wahnsinn und gegen die Manipulation durch seine Bewacher.

In den KZn trafen die Häftlinge eine gleichartige Situation an; und viele Künstler reagierten ähnlich wie Zweigs Protagonist.

Nava Shan erzählt, daß sie sofort nach ihrer Ankunft im Getto Theresienstadt Nägel in Särge schlagen mußte: *«Acht Stunden hat man gearbeitet. Aber ich bin überzeugt, daß ich die ganze Zeit rezitierte in meinem Kopf. Jean Cocteau usw. Es war so, daß ich innerlich in einer anderen Welt gelebt habe, damals zu Anfang.»*[24]

Daß es sich dabei nicht um die pathologische Form seelischer Verdrängung handelt, um das grundsätzlich nicht mehr «Wahrnehmenwollen-und-können der Realität», sondern darum, einen eigenen, inneren abgeschirmten Bereich zu schaffen, beweist folgende Aussage von Nava Shan: *«Ich erinnere, ich habe immer daran gedacht, das nicht zu vergessen. Aber ich habe nicht gedacht, warum das so ist. So weit habe ich nicht gedacht. ... Ich erinnere mich an alles. Ich habe mich wirklich bemüht, die ganze Zeit, mich an alles zu erinnern ...»*[25]

Auch bei Charlotte Delbo und ihren Kameradinnen setzte bald nach ihrer Ankunft in Auschwitz II der geistige Prozeß des inneren Widerstandes ein, und in ihrer Autobiographie wird deutlich, was sich abspielte.

«... Nach einiger Zeit dachten wir an das Theater. Eine von uns erzählte die Stücke für die anderen, die sich um sie herumgruppierten, manche lästernd und sich lustig machend: ‹Was werden wir heute sehen?› Jeder Vortrag wurde einige Male wiederholt. Jede von uns wollte es hören, wenn sie an der Reihe war; denn die Zuhörerschaft konnte nicht mehr als fünf oder sechs überschreiten. Dennoch erschöpfte sich das Repertoire. Bald dachten wir daran, ein Stück einzustudieren ...»[26]

Es sei an dieser Stelle noch einmal darauf verwiesen, daß Ch. Delbo im KZ einen Text von Molière erworben hatte (s. w. o.). Sie lernte ihn auswendig, um ihr Gedächtnis nicht zu verlieren, um es, trotz des Nahrungsmangels, zu trainieren (*«J'ai appris 'Le Misanthroph' par coeur ... Depuis Auschwitz j'avais peur de perdre la mémoire. Perdre la mémoire, c'est se perdre soi-même, c'est n'être plus soi.»*)[27]

Welch ein eindrucksvolles Indiz dafür, daß und wie sich ein Mensch der geistig-seelischen Isolation widersetzen lernt, ohne seinen Verstand zu verlieren.

Um ein weiteres Beispiel anzuführen: Die Frauen von Ravensbrück rezitierten in den Stunden ihrer kärglichen Freizeit Gedichte auf der Lagerstraße, «sie sprachen über ... Theaterstücke, die sie gesehen hatten. Sie trieben, wie einige von ihnen es selbst scherzhaft nannten, ‹Gehirnakrobatik›. Sie wollten nicht stumpf und apathisch werden, sondern ihre geistigen Kräfte nutzen ...»[28]

Immer wieder ging es den Gefangenen bei ihrem künstlerischen Schaffen darum, zu kämpfen. Sie wollten sich und anderen beweisen, daß sie keine «Stücke» waren. So titulierten die Lagerführer häufig die Internierten. Sie fühlten sich dennoch als Menschen.

Der Schauspieler und Intendant Wolfgang Langhoff, Häftling des Lagers Börgermoor, wehrte sich schon im Jahre 1933 gegen die seelische und moralische Verunglimpfung. Er mühte sich wieder und wieder, sich und seine Leidensgenossen aus der Erstarrung zu lösen, die seit ihrer Einlieferung in das KZ wie ein Alpdruck auf allen lastete.[29]

Er versuchte, seinerseits Widerstand zu leisten, indem er es wagte, den stumpfsinnigen Tagesablauf der SS aufzulockern, um sie von ihrem viehischen Tun abzulenken. Das, so meinte er, könnte sich positiv für die Häftlinge auswirken: *«Wir sind Gefangene. Gut, aber sie (die SS-Leute, Anm. der Verf.) haben es auch fertiggebracht, uns einzuschüchtern! Uns moralisch kaputt zu machen! Wir lassen die Köpfe hängen und laufen im Lager herum wie die geprügelten Hunde. Wenn wir aber jetzt zeigen, daß wir richtige Kerle sind, und daß sie uns mit ihren Mißhandlungen den Buckel runterrutschen können, dann, paß mal auf, was das für einen Eindruck auf die macht! Kapiert? Die halten uns doch für Untermenschen! Wenn sie aber sehen, wie wir zusammenhalten, dann wird sich der eine oder andere SS-Mann, der genauso ein Prolet ist wie wir, ... doch fragen, ob die Art, wie sie uns jetzt behandeln, die richtige ist! Und schon haben wir etwas gewonnen.*
Und dann auch unsere Jungens selber! Wenn die Vorstellung gut wird, werden alle stolz darauf sein und werden sich überlegen, ob man nicht noch andere wichtigere Sachen hier im Lager gemeinsam machen kann!»[30]

Langhoff setzte tatsächlich durch, daß die Häftlinge eine Aufführung («Zirkus Konzentrazani») bei der Lagerkommandantur erwirkten: *«Es läßt sich schwer beschreiben, welche Stimmung alle ergriffen hatte. Man muß die ganze Situation berücksichtigen, in der wir lebten. Die SS kam sozusagen zu uns als Gast! Wir, die wir nicht mehr das Leben von Menschen führten, hatten es gewagt, für einige Stunden über uns selbst zu bestimmen, ohne Befehle, ohne Anweisungen, ganz so, als ob wir unsere eigenen Herren wären und als ob so eine Einrichtung wie das KZ nicht existierte. Dieses Gefühl war in der Masse der Zuschauer deutlich spürbar.»*[31]

Auch in Dachau gab es Zeichen des inneren Widerstandes. Erwin Geschonneck begründete in seinem Interview die Theater-Tätigkeiten folgendermaßen: *«... Natürlich ging es hier um einen spirituellen Widerstand. Es war wichtig, Lebensmut zu geben und zu behalten. Und Humor ist in einer solchen Lage sehr, sehr wichtig ...»*[32]

Z. L. Zaleski sieht die künstlerische Betätigung als moralisch-geistigen «Zufluchtsort»[33], gleichsam als einen Verdrängungsprozeß: *«Der Mensch in den Konzentrationslagern tauchte, trotz aller Gefühllosigkeit, Härte und den armseligen Bestimmungen, betrügerisch seine Seele in ein stürmisches Meer von Aktivitäten unterschiedlichster Art. Auf diese Weise bekräftigte er seinen Lebenswillen.»*[34]

Daß die Häftlinge derart aktiv wirkten, beweist andererseits, wie bewußt sie sich ihres Zustands im Grunde waren und blieben. Das Refugium des Theaters schuf ihnen so etwas wie eine rettende Oase, einen Ort also, an dem der spirituelle Widerstand geweckt, entfacht und gelenkt werden konnte.

Die gleiche Meinung stützt auch B. Heilig, wenn er behauptet: *«Die Kabarettnachmittage* zauberten *uns einen Ausschnitt aus der Freiheit vor. Man war eine oder zwei Stunden lang fast zu Hause.»*[35]

In Beaune-La-Rolande *«haben wir Theatervorstellungen organisiert mit einem solchen Eifer, daß sie uns unser Elend vergessen ließen.»*[36]

Ebenso wie R. Kamioner empfand Dr. Épagneul die Theatervorführungen in Compiègne: *«... nous avons surtout affaire à des amateurs fantaististes, mais enfin cela faisait passer un moment et oublier ses misères ...»*[37]

Für die Deportierten im KZ Neuengamme gehörte die Kunst nach W. Johe *«zu ihrer Überlebensstrategie, und so manifestierte sich in dieser Lebensäußerung ebenfalls der Versuch, den barbarischen Vorstellungen und Handlungen des Staats auch in dieser Form Widerstand entgegenzusetzen.»*[38] Daß man spirituellen Widerstand nicht generell als Flucht aus der Wirklichkeit erklären kann, gibt uns Kitty Hart in ihren Erinnerungen zu verstehen: *«Hier* (in Birkenau, Anm. der Verf.) *lebten wir immer in der Gegenwart, weil niemand wußte, was morgen sein würde ... Einmal führten wir einen Dreiakter auf. Ich verbrachte viel Zeit mit Lesen, mit den Büchern, die ich gefunden hatte. Dies* (das KZ, Anm. der Verf.) *war sicherlich die verrückteste Einrichtung in der ganzen Welt. Um uns herum waren Schreie, Tod, rauchende Schornsteine, die die Luft schwer und schwarz von Ruß und dem Geruch brennender Leiber machten. Ich denke, unser wirklicher Kampf galt der geistigen Gesundheit, und so lachten und sangen wir in der lodernden Hölle, die uns umgab.»*[39]

Das, was hier mit «spirituellem Widerstand» bezeichnet worden ist, ermöglichte den Häftlingen, sich nicht selbst zu verlieren, Hoffnungen zu schöpfen, Achtung vor sich und dem Menschen allgemein wiederzuerlangen und zu bewahren. Ebenso gab ihnen dieser Widerstand Kraft und Mut zum «Mehr». Sie wollten Zeugnis ablegen für die Zukunft.[40] Dr. Norbert Frýd drückte es so aus: *«Sie* (die Künstler) *wollten Zeugenschaft ablegen über das Undenkbare, das mit ihnen und um sie herum geschah. Sie wollten ihrem Schicksal, das vielleicht schon besiegelt war, Bedeutung geben. Sie wollten eine Spur hinterlassen.»*[41]

26

Spiritueller Widerstand war die Basis, quasi der erste Schritt, um Theaterleben in den KZ'n überhaupt zu ermöglichen.

Kommen wir noch einmal zurück auf die o. a. Zitate, so ist ersichtlich, daß es im Grunde genommen mehrere Ebenen spirituellen Widerstandes gegeben hat. Ihre Grenzen sind allerdings schwer zu ziehen, weil die Übergänge fließend erscheinen.

Das sei noch einmal an Beispielen deutlich gemacht:

«... *Sie vergaßen sich für eine Weile, sie gehörten wieder sich, ihren Gedanken, ihren Erinnerungen ... Augen glühten auf, Augen, aus denen Entschluß sprach oder Verbitterung und Haß. Andere Augen sanken ein, erloschen mehr und mehr im Erinnern an gestorbenes Glück.»*[42]

Ch. Delbo notierte: «*Wunder der Zuschauer, die plötzlich Kindheit und Reinheit wiederfanden, die die Phantasie zum Leben wiedererweckt. Es war wundervoll, weil, während zwei Stunden – ohne daß die Schornsteine aufhörten, ihren Rauch von menschlichem Fleisch aufsteigen zu lassen –, während zwei Stunden haben wir wieder an sie geglaubt ... – die Freiheit ...*»[43]

Theater im KZ kann

a) als Widerstand gegen neurotisch-psychotische Phänomene,
b) als Widerstand für die Erhaltung und Hinwendung zur Realität,
c) als politischer Widerstand gesehen und gedeutet werden.

Interpretationen:

Widerstand gegen neurotisch-psychotische Phänomene:

Isolation, Hunger, Terror, Unrecht trieben Menschen in pathologische Zustände. Es konnte geschehen, daß Frauen und Männer die Flucht aus der Wirklichkeit antraten, sich selbst aufgeben wollten, gar drohten, wahnsinnig zu werden.

Hier setzte das Theater hilfreich an.

Es hatte als eine Kunstgattung therapeutische Wirkung. Zwar hob es die Gefahr des Pathologischen nicht auf; aber es dämmte die Neurosen und Psychosen ein, die in einer solchen Haft zwangsläufig entstehen müssen. So konnten die Krankheiten nicht Herr über die Anfälligen werden. Totale Verdrängung aller Probleme und Konflikte wurde aufgeschoben. Es fand eine Sublimierung statt.

Widerstand als Hinwendung zur und Erhaltung der Realität:

Die Berichte sprechen immer wieder vom Vergessen der Umwelt. Das war natürlich ein Verdrängungsprozeß, der dem oben geschilderten ähnlich sieht. Aber erinnern wir uns einmal an kindliches Spiel. Mädchen und Jungen schlüpfen in imaginäre Situationen und Verhaltensweisen. Sie «sind» der Pilot, die Krankenschwester, die Fee usw. Offenbar meiden sie die Wirklichkeit; aber zugleich bleiben sie sich dessen, was tatsächlich geschieht, durchaus bewußt.

Diese Weise, sich der Realität zu erwehren und ihr dennoch innerlich behutsam nahezukommen, spiegelt sich in den Theaterversuchen der KZ-Häftlinge wider.

Das zeigen Nava Shan und Ch. Delbo in den o. g. Beispielen.[42,43]

Anzumerken ist natürlich, daß die Unterschiede keineswegs klar erkennbar sind. Oft handelte es sich dabei um eine Wechselbeziehung; und es hing von den Charakteren der Betroffenen ab, welchem Typus der «Widerständler» sie zuzuordnen waren.

Widerstand im Spiel war also zunächst einmal die Absicht, das private Leben, das eigene Selbst, zu retten.

Darüber hinaus aber sahen viele der KZ-Theatermacher ihr Spiel als klar erkannten Widerstandsakt an.

Anders gesagt: Aus der bewußten Annahme dessen, was mit ihnen geschah und um sie herum passierte, gestalteten sie Spiel zu einer Form des revolutionären Widerstandes, zumindest des politischen! Es handelte sich nicht mehr um das Los einzelner, sondern um das Schicksal aller, das geändert werden sollte (und mußte!).

Spiritueller Widerstand existierte sowohl in der egozentrischen Ausdrucksweise, wie er sich verdichtete zu einer altruistischen Bewegung innerhalb der Lager.

Darüber gibt das folgende Kapitel nähere Auskünfte.

3.3. Theater im KZ als Stätte der Information und des politischen Widerstandes?

Es konnte nicht ausbleiben, daß dort, wo viele Menschen miteinander leben mußten, Gruppierungen entstanden, deren Ziele und Motivationen parteipolitisch gefärbt waren. Da der Mensch sich nicht nur als Einzelwesen, sondern auch als Mitglied einer Gemeinschaft versteht, wird er seine Individualität immer dann zugunsten der in sich geschlossenen «Herde» zurückschrauben, wenn er sich darin geborgener fühlt. Es lag also nahe, daß Frauen und Männer, die schon aufgrund ihrer antinationalsozialistischen Tätigkeit eingekerkert worden waren, nunmehr ihren Widerstand fortsetzten, ja fortsetzen mußten, weil sie sich nicht ihres Lebenssinnes berauben lassen mochten. Infolge der gleichartigen Schicksalslage schlossen sich sogar ehedem verfeindete Blöcke zusammen. Kommunisten paktierten mit Christen und diese wiederum mit Sozialisten und Liberalen. Es entstand so etwas wie eine politische Einheitsfront, wobei nicht auszuschließen war, daß die eine oder andere «Fraktion» schon mal das Übergewicht bekam. Aber in einem waren und blieben sich die Häftlinge einig: Der gemeinsame Feind mußte en bloc bekämpft werden, wenn man erfolgreich sein wollte.

Es wurde bereits angedeutet, daß dies in der Form des politischen Theaters geschah.[44]

Bestimmte Ideen mußten verbreitet werden. Davon hing ab, welche Stücke oder Texte in die «Spielpläne» aufgenommen wurden.

Wolfgang Schneider, Häftling in Buchenwald, erklärte das dergestalt: *«Kunst und Literatur wurden so als Ausdrucksformen eines neuen kämpferischen Humanismus zum organischen Bestandteil der Widerstandsbewegung. In ihrer vielfach stummen und doch allen verständlichen Sprache führten sie die Angehörigen der verschiedensten Nationalitäten zusammen, linderten den Schmerz der Gefangenen, gaben den Verzweifelten neuen Mut, richteten die Verzagten auf, wiesen den Schwankenden den Weg ... So wurden sie zum Kraftquell, aus dem die Unterdrückten schöpften, wurden zum massenwirksamen Signal für Aktionen gegen die Unterdrücker, wurden selbst zur antifaschistischen Aktion.»*[45]

Da den Inhaftierten ein offener Kampf gegen die SS nur in seltensten Fällen möglich war,[46] mußten sie ihre Aktivitäten teilweise sorgsam kaschieren.

Besonders wichtige Ziele, die angestrebt wurden, lauteten: Wir müssen den Antifaschismus stärken!

Wir wollen uns auf das Ende der Gefangenschaft so vorbereiten, daß wir nicht im letzten Augenblick noch getötet werden!

Um das zu gewährleisten, galt es, ein gut funktionierendes Nachrichtensystem zu entwickeln und eine illegale, von allen Häftlingen akzeptierte Lagerleitung einzurichten.[47] Man beschaffte sich, wo und wann immer man konnte, Informationen über den Verlauf des Krieges (Radio, ausländische Zeitungen, Kassiber etc.) und wirkte so Entmutigungen und Selbsttäuschungen entgegen.

Die illegale Lagerleitung organisierte Sabotageakte (langsames Arbeiten, Beschädigen von kriegswichtigem Material usw.), politische und kulturelle Schulungen und Theateraufführungen.

Eugen Kogon berichtet: *«Wiederholt sind in Buchenwald unter Einhaltung der erforderlichen Sicherungsmaßnahmen antifaschistische Feiern abgehalten worden. Zu ihnen wurden naturgemäß nur völlig einwandfreie, langjährige Lagerinsassen eingeladen. Die Veranstaltungen bestanden in der Regel aus einem ernsten und einem heiteren Teil, bei welch zweitem gepfefferte politische Satire zum besten gegeben wurde ...»*[48]

Über einen Rezitationsabend im Lager Börgermoor heißt es bei W. Langhoff fast sinngemäß übereinstimmend: *«Dann trug ich von Annette von Droste-Hülshoff ‹Oh, schaurig ist's, über's Moor zu gehen› und von Hebbel ‹Der Heideknabe› vor ... Die Remscheider hatten ein Gesangsquartett zusammengestellt und fanden mit einem proletarischen Wiegenlied begeisterten Anklang ... Wir versuchten, das Programm so zu gestalten, daß wir mit klassischen und bürgerlichen Gedichten doch das zum Ausdruck brachten, was der Gesinnung der Arbeiter entsprach. Zum Beispiel: ‹Pidder Lüng› von Detlev von Liliencron. Das Leitwort der friesischen Bauern: ‹Lewwer duad üs Slaav›* (Lieber tot als Sklave –; Langhoff notierte übrigens: ‹Lever duad us Slav› – das wurde von der Verfasserin im Sinne Liliencrons geändert) *fand ungeheuren Widerhall, und wenn ich im Gedicht an die Stelle kam, wo Pidder Lüng den Amtmann, der mit seinen Söldlingen die Wucherzinsen eintreiben will, packt und seinen Kopf in den Napf mit glühend heißem Brei taucht, bis er erstickt, unterbrach mich spontaner Beifall ... Tiefen Eindruck machte De Costers ‹Till Ulenspiegel›, den ich kapitelweise vorlas. Die Geschichte des unterdrückten niederländischen Volkes ..., ließ manche Vergleichsmöglichkeit mit unserer gegenwärtigen Lage zu. Daneben trug ich auch Balladen von Schiller, Goethe, Heine und anderen deutschen Klassikern vor ... Zum Abschluß kam der humoristische Teil.»*[49]

Es ist erstaunlich, daß schon zu Beginn der Einrichtungen von KZn die Häftlinge eine Weise des politischen Widerstandes fanden, der sich auch zu späteren Zeitpunkten in anderen Lagern als durchführbar und effektiv erwies.

Diese Unternehmungen, die wir als eine Vorform des Theatralischen zu betrachten haben, dienten dazu, die moralische und politische Widerstandskraft zu stärken. Sie wurden mit viel Eifer vorbereitet und ausgearbeitet.

Folgende notierten Werkbeispiele verdeutlichen, welche Stücke die Theatermacher auswählten und aufführten.

Es handelte sich um klassische, national gefärbte Dramen oder Szenen mit revolutionärem Charakter. Dazu kamen Spiele, die sich auf die KZ-Situationen bezogen oder verfremdete Texte, deren verschlüsselte Botschaften durchaus von den Zuschauern begriffen wurden.

Die Kleinkunstform des Kabaretts hatte eine besonders wichtige Funktion zu erfüllen. Dank seiner politischen Satire löste es befreiendes Gelächter aus und schuf so ein Ventil, das die Atmosphäre für die Häftlinge wenigstens zeitweilig entgiftete.

3.3.1. Beispiele klassischer und national gefärbter Stücke

Von der Aufführung klassischer Stücke erzählen sowohl Pierre Durand als auch Otto Halle. Sie erinnern sich an Rezitationen, die 1943 in Buchenwald stattfanden. Nur im geheimen konnten revolutionäre Szenen vorgetragen werden: «*Georg Büchners ‹Dantons Tod›, Karl Spittelers ‹Sturz der Götter› und ebenfalls die bekannte, von den Nazis verbotene Rede des Marquis Posa aus Schillers ‹Don Carlos›.*»[50]

Ebenso berichtet Thomas Mantl, der im Getto Theresienstadt interniert war, über die Dramatisierung einer Ballade von François Villon: «*Es spielte sich ab in einem Kerker. Villon meditierte im Kerker über den Sinn des Lebens und sagt also einige seiner Balladen auf, und andere antworten ihm mit anderen Gedichten ... es hatte auch einen starken politischen Akzent. Und die Frau, von der das ganze Theaterstück stammt, die heißt Irene Dodal ... (die ist heute Regisseurin), die erklärte mir einmal auf der Straße (Lagerstraße), daß dies ein ganz bewußter Widerstandsakt sei. Sie sagte mir: ‹Was tut man mit Kultur, wenn man in Theresienstadt sitzt? Man kann natürlich einen Rilke aufführen oder irgend etwas, was nur schön ist. Aber es muß jemand sein, der den Leuten die Wahrheit ins Gesicht schreit. Und das kann man am besten mit diesen Versen von Villon.› ... Und wenn man dich nach dem Krieg fragt: ‹Was hast du getan?› und du sagst: ‹Ich saß in einem Lager!› dann ist das nicht genug. Man muß mindestens, wenn man nicht aktiv Widerstand leisten kann, den Leuten die Wahrheit sagen, und das kann man mit diesen Gedichten ...*»[51]

Der Inhalt der Ballade, auf die Mantl sich bezieht, deren Titel er allerdings vergaß, sei hier kurz zitiert: «*Ein Seeräuber wird gefangengenommen und vor den Staatschef geführt, und der fragt ihn: ‹Wie kamst du überhaupt auf diesen ruchlosen Gedanken, dich mit Piraterie zu befassen?› ‹Was beschimpft man mich hier mit dem Wort Piraten? Hätte ich mehr Schiffe, dann würde ich Feldherr genannt, genauso wie du.›»*[52]

Hier wird bereits klar ersichtlich, daß der leichte Verfremdungseffekt unmittelbar auf die Henker gemünzt war.

Eine weitaus stärker revolutionäre Aussage beinhaltete beispielsweise das von Dr. Norbert Frýd und Dr. Karel Reiner nach dem biblischen Buch Esther zusammengestellte gleichnamige Theaterstück. Es wurde im Getto Theresienstadt aufgeführt. Besonderen Hintergrund dieses Dramas lieferte die historische Situation der Tschechen während der Epoche der Gegenreformation. Die in den böhmischen Ländern lebenden Bauern wollten lieber jüdisch bleiben als katholisch werden. Von diesem geschichtlichen Identifikationsprozeß ausgehend, der ja zweifellos Parallelen zur KZ-Situation besaß, gestaltete der Komponist Reiner die Musik und Dr. Frýd den Text, der sich eng an die biblische Version hielt: Die zur Königin erhobene Jüdin Esther, Frau des Perserkönigs Xerxes I., vereitelte mit ihrem Oheim Mardochäus die vom königlichen Minister Haman geplante Ermordung aller Juden. Beide sorgten dafür, daß der König den Intriganten hängen ließ.

In Theresienstadt änderte man die Aufführung in einem pikantmakabren Detail ab: Haman wurde als «SS-Mann dargestellt».[53]

«Esther» hatte großen Erfolg. Wenn man allerdings bedenkt, daß das Stück auch von SS-Leuten gesehen wurde, also nicht etwa gegen die Henker abgeschirmt war, dann wird begreiflich, wieviel Mut dazu gehörte, es zu inszenieren.

Der Hauptdarsteller erfreute sich auch nur kurze Zeit seines Erfolges. Er wurde verhaftet; und sein weiteres Los kann sich jeder leicht ausmalen.

Als ebenso mutig wie national bedeutsam sah Nava Shan die von Raphael Schächter einstudierte Aufführung der «Verkauften Braut» des tschechischen Komponisten Friedrich Smetana an.

Es ist wichtig, in diesem Zusammenhang zu erwähnen, daß die SS in Theresienstadt Theateraufführungen nur duldete, wenn sie in deutscher Sprache inszeniert wurden.

Im Getto, wo viele tschechische Juden interniert waren, entwickelten – laut Nava Shan! – vornehmlich Staatsangehörige der Tschechoslowakei eine breitgefächerte und professionelle Theatertätigkeit. Aber aufgrund der scharfen Verordnungen agitierte das «nationale Theater» vorwiegend im Untergrund, also illegal. Somit ist besser zu verstehen, daß die Häftlinge eine Aufführung *der* tschechischen Nationaloper, auch wenn sie in deutscher Sprache über die Bühne gehen mußte, als *das* Ereignis in Theresienstadt feierten.[54]

Gleichermaßen wurde die Einstudierung des tschechischen Nationalmärchens «Broučci» (Glühwürmchen) als nationale und revolutionäre Tat empfunden.

Nava Shan hatte das Stück schon einmal in Szene gesetzt. Es wurde mit Mädchen und Jungen des Theresienstädter Kinderheimes und für sie gespielt. Doch als die Transporte in die Vernichtungslager rollten, verschwanden immer mehr Mitwirkende und Zuschauer dieses Publikumsbereiches.

1944 sollte aber eine neue Aufführung stattfinden, befohlen von der deutschen Lagerkommandantur, um den Besuchern des Internationalen Roten Kreuzes (IRK) zu «beweisen», daß es weder eine Ermordung von Kindern noch deren Deportation in irgendwelche Vernichtungslager gegeben hätte. Nava Shan weigerte sich zunächst, das Kinder-Musical erneut zu inszenieren und zu spielen. Ein Freund überredete sie schließlich dazu, es für ihre Landsleute zu tun.

«Und damals hat der Hans Thein begonnen, mich zu überzeugen – es zu machen, nicht wegen der Deutschen, sondern wegen der Tschechen. Er hat gesagt: ‹Schau, es werden viele Deutsche dort sein im Publikum – aber es werden 600 und 5000 Tschechen es auch sehen ... Du kannst dir nicht vorstellen, was für eine Wichtigkeit es haben wird, daß wir ein tschechisches, sogar ein nationales Stück hier spielen können mit all diesen Liedern – die Leute werden sich damit verstärken ...›»[55]

Nava Shan beschrieb in vielen Einzelheiten sodann, wie «Broučci», das Kindersingspiel, nach einem Märchen von J. Karafiát für die Bühne von Blasta Schön (nicht «Vlasta», wie es auf dem Theaterzettel heißt – Anm. der Verfasserin) eingerichtet wurde und welche Schwierigkeiten dabei berücksichtigt werden mußten.

Dank der Unmittelbarkeit, die aus den Worten einer Frau spricht, deren böhmakelnde Sprechweise man noch im Schrifttext glaubt erkennen und heraushören zu können, ist es uns Heutigen möglich, ein wenig von dem nachzuempfinden, was jene Menschen dachten und erfuhren, die unter zweifellos desolaten Umständen zu arbeiten hatten.

«Ich habe eine große Bühne gehabt, eine wirkliche Theaterbühne – und das war zum ersten Male in meinem Leben, daß ich mit einer Bühne, wie in Prag, gearbeitet habe. Als Regisseurin ... ein sehr berühm-

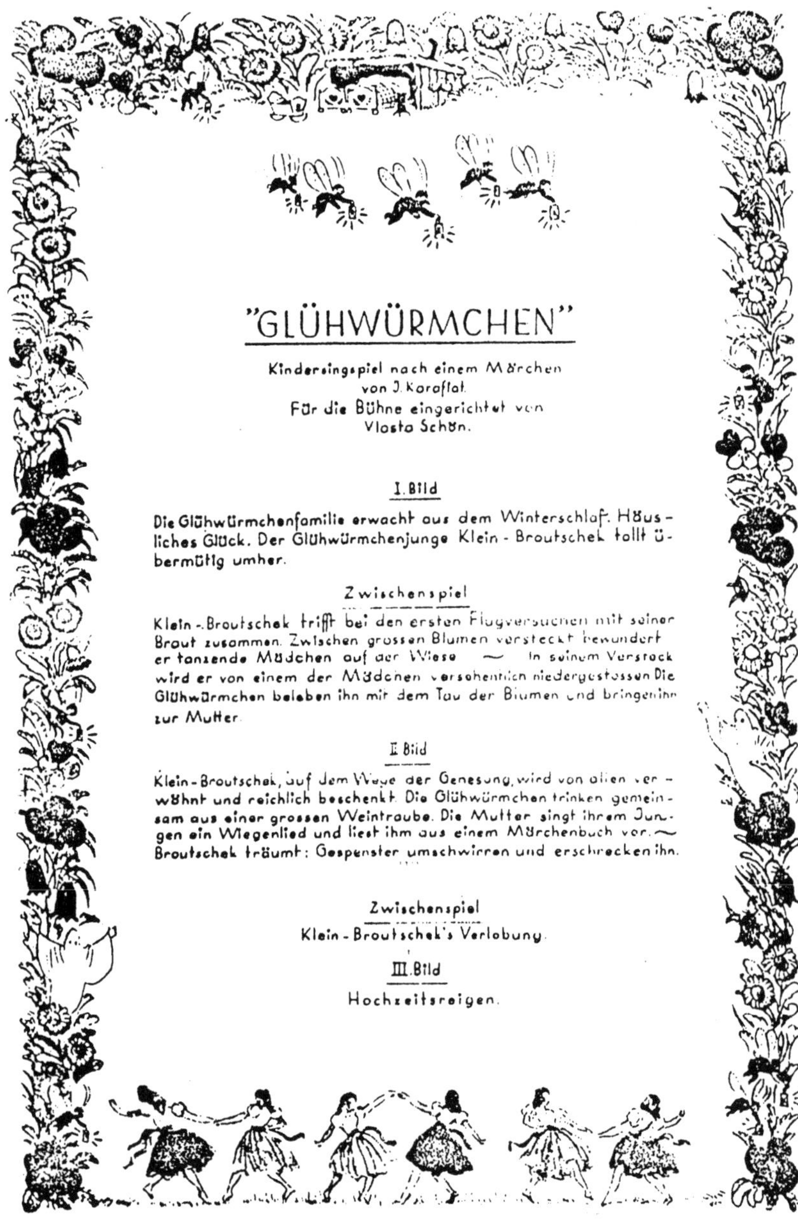

"GLÜHWÜRMCHEN"

Kindersingspiel nach einem Märchen
von J. Karaflat.
Für die Bühne eingerichtet von
Vlasta Schön.

I. Bild

Die Glühwürmchenfamilie erwacht aus dem Winterschlaf. Häus-
liches Glück. Der Glühwürmchenjunge Klein - Broutschek tollt ü-
bermütig umher.

Zwischenspiel

Klein - Broutschek trifft bei den ersten Flugversuchen mit seiner
Braut zusammen. Zwischen grossen Blumen versteckt bewundert
er tanzende Mädchen auf der Wiese — In seinem Verstock
wird er von einem der Mädchen versehentlich niedergestossen Die
Glühwürmchen beleben ihn mit dem Tau der Blumen und bringen ihn
zur Mutter.

II. Bild

Klein - Broutschek, auf dem Wege der Genesung, wird von allen ver -
wöhnt und reichlich beschenkt. Die Glühwürmchen trinken gemeinsam aus einer grossen Weintraube. Die Mutter singt ihrem Jungen ein Wiegenlied und liest ihm aus einem Märchenbuch vor. —
Broutschek träumt: Gespenster umschwirren und erschrecken ihn.

Zwischenspiel
Klein - Broutschek's Verlobung.

III. Bild
Hochzeitsreigen.

57

ter Dirigent Brock ... hat sich zur Verfügung gestellt und hat gesagt, er würde eine Kapelle organisieren – ein Orchester von dreißig Leuten. Stellen Sie sich vor. Damals haben wir alles mit Klavier gemacht selbstverständlich ...

Und der Thein hat versprochen, er wird all diese Lieder selbst singen – das heißt ein Sänger, nicht nur wir ... Ich habe mir meine Kinder genommen, ich habe allein die Dekoration gemacht, das heißt, ich habe gezeichnet, was ich wollte, und jemand hat es gemacht – es war eine bezaubernde Dekoration ... Wir haben solche Blumen gemacht bis zu der Decke. Die Kinder waren so klein, daß es wirklich wie Glühwürmchen war neben den Blumen. Dort oben waren diese Sonnenblumen, diese großen, und die Kinder waren so klein unten ... – und damals haben mehr als hundert Kinder mitgemacht. Zum ersten Mal waren es, glaube ich, 15 – 20 Kinder. Ich habe einen Chor gemacht. Und statt zehn Kinder hatten wir dreißig, die tanzten in einer Gruppe ...

Also es war wirklich eine unvergeßliche Vorstellung – vom künstlerischen Standpunkt aus gesehen ... Und nach dem haben wir das noch – ich weiß nicht, wie oft – aber alle Leute von Theresienstadt haben es gesehen – aufgeführt ... Wir haben bis zu der Befreiung gespielt – bis zum letzten Tag ...»[56]

Welche ein Enthusiasmus spricht aus diesem Text!

Jemand muß schon theaterbesessen sein, um – gewissermaßen mit einem Schlage – die quälende und bedrückende Umgebung wegzufegen, sie, die Realität, imaginär zu machen. Daß ein besonderer Wesenszug der Slawin Shan ebenso deutlich zutage tritt, ihr ungebrochener Nationalstolz, wird wohl niemand bestreiten wollen. Aber eben diese emotionalen Strömungen ihres Charakters halfen mit – nicht nur bei ihr! –, das Elend zu ertragen und letztlich zu überwinden; und so trug ein übersteigerter Nationalismus (hier durchaus zu begreifen als Äquivalent zum hemmungslosen Rassenwahn der Nazis!) dazu bei, Menschen am Leben zu erhalten. Meist bewirkt er ja das Gegenteil!

Schließen wir diese Episode wiederum mit einem Zitat ab. *«Thein hat recht gehabt mit der politischen Seite. Die Leute haben begonnen, all die Lieder mitzusingen. Und es war eine ausgesprochene revolutionäre Tat – eine tschechische Tat!»*[58]

Um zu dokumentieren, daß Theresienstadt kein Einzelfall war, wird an dieser Stelle auf Vorgänge in den Lagern Sachsenhausen, Buchenwald, Bergen-Belsen und Ravensbrück verwiesen.

Russische Kriegsgefangene des KZ's Sachsenhausen wagten es im Dezember 1944, zum Todestag von Kirow,[59] eine Vorstellung zu geben.

Fernand Chatel erinnerte sich: «‹*Der eingebildete Kranke*› *oder ... ich weiß nicht mehr. Das Stück wurde in Russisch gespielt, mit Liedern, Tänzen und einer Rede über Kirow. Alle in den sowjetischen Uniformen, wie sie sich die verschafft hatten, weiß ich nicht. Eine außergewöhnliche Sache war es, daß die Russen es gewagt hatten, dies zu tun, und daß die SS diesen Aufsehen erregenden Akt des Widerstands tolerierte!*
Die ganze Lagerkommandantur war anwesend; und der Regimentsstab der SS saß in der ersten Reihe.»[60]

Aus Buchenwald stammt folgende Notiz: «*Auf den Blocks ging die kulturelle Arbeit trotz Überfüllung weiter und fand ein noch größeres Interesse. Die polnische Jugendgruppe verdient besondere Erwähnung, die in den letzten Tagen vor der Evakuierung mit einem guten politischen Programm auftrat.*»[61]

Hanna Lévy-Haas, deren Aussagen über Bergen-Belsens Theateraktivität bereits mehrfach zitiert wurden, nahm auch zum «nationalen Problem» Stellung: «*Die hierher deportierten holländischen Juden haben gestern den Geburtstag ihrer geliebten Königin gefeiert. Sogar eine Theatervorstellung fand statt. Für die Kinder. Wie konnten sie jetzt an sowas denken ...*»[62]

Daß der bekannte Nationalstolz von Franzosen ebenfalls seine Manifestation fand, müßte nicht besonders erwähnt werden; aber er rundet hier gewissermaßen den Bogen ab. Zur Feier des 14. Juli im Jahre 1944 heißt es bei Cathérine Roux, die in Ravensbrück war: «*... Für diesen Tag haben sie ein Wunschprogramm aufgestellt: Gesänge, Gedichte, kleine Szenen. Die Nummern wurden einstudiert am Abend, nach dem Lichtauslöschen, im Waschraum und auf dem WC.*
Wenn die Lagerführerin die Runde machte, warfen sich die ‹Künstler› auf den Bauch unter die Fenster, um nicht entdeckt zu werden, und nahmen danach ihre Proben wieder auf.»[63]

Nähere Kommentare erübrigen sich an dieser Stelle; denn aus dem Vorhergehenden wird ohne weiteres deutlich, daß auch völkische Gefühle einen geradezu natürlichen Nährboden für politischen Widerstand im Gewande des Theaters boten.

3.3.2. Beispiele und Szenen,
die das unmittelbare Leben in den Lagern betreffen

Der unmittelbare «Alltag» in den Lagern wurde, wie die Verfasserin bereits mehrfach vermerkte, keineswegs widerspruchslos angenommen. Dem Menschen ist es nun einmal gegeben, sich und seine Situation geistig zu durchdringen. Er stellt immer wieder die Frage nach dem Sinn des Lebens. Eine offenkundige *Sinnlosigkeit*, wie das KZ sie darstellte, konnte darum von Inhaftierten nur dann hingenommen und bewältigt werden, wenn sie erkannten, daß sie es waren, die den Unsinn in Sinn, das Unrecht in Recht, die Unwahrheit in Wahrheit kehren mußten. Je konkreter sie sich mit der Situation befaßten, desto eindringlicher sollte das jedermann ins Bewußtsein dringen – auch den Bewachern. Welche Absichten und Ziele z. B. Autoren verfolgten, läßt sich am ehesten in ihren Texten ablesen.

Bruno Apitz[64] und Otto Halle gehörten zu den Stückeschreibern in Buchenwald, deren Arbeiten auch dort aufgeführt wurden. Ihre Texte spiegelten sehr realistisch das Lagerleben wider. Das kommt vor allen Dingen darin zum Ausdruck, daß in den Szenen die Häftlinge sich selbst spielten. Dieser Aktualisierungsprozeß ermöglichte es den Betroffenen, sich völlig in die eigene Situation zu versetzen, sich mit ihr zu identifizieren, um durch die peinigende Nähe zu sich selbst den Mut zu gewinnen, eine Aus-ein-ander-Setzung zu provozieren. Die Theaterschreiber und -macher wirkten auf solche Weise bewußt gegen eine «Flucht aus dem Alltag». Ja, es läßt sich sagen, sie zwangen die Häftlinge und auch die SS-Lagerführer, der Wahrheit zu begegnen. Vielleicht kann man das vergleichen mit der Theorie von Sigmund Freud, daß nur der geheilt werden kann, der vor sich und seinen Leidensursachen nicht mehr flieht. Es sei hier noch einmal an die Regisseurin Irene Dodal erinnert, die mit Hilfe von Villons Balladen den Leuten die Wahrheit ins Gesicht schreien wollte (siehe Kap. 3.3.1., S.31).

Allerdings beabsichtigten Autoren und Initiatoren mit der Aufführung von meist kurzen Szenen oder Sketchen noch etwas anderes: Mit der Erkenntnis von Wahrheit war es allein nicht getan. Es sollte auch der Mut geweckt werden, trotz der prekären Lage nicht zu verzweifeln.

Den Lagerführern und jenen Häftlingen, die ihre gehobene Positionen rücksichtslos ausnutzten, wurde so eine Lehre erteilt. Sie sollten «sich in Frage stellen». Das forderten die Schriftsteller von den Unterdrückern und den Unterdrückten.

In der Szene von Bruno Apitz, die den Titel «Das Lineal» trägt, wird diese Aussage verdeutlicht.

Apitz erzählt: *«Ich hatte mich zweiseitig angezogen, die eine Hälfte schmutzig, die andere sauber, und drehte, entsprechend dem Text, die jeweilige Seite den Zuschauern zu. Ich verkörperte damit den resignierenden und den standhaften Häftling. Die Moral war, daß der Verzweifelnde im Revier ein Lineal verschlucken sollte, damit er wieder einen steifen Rücken bekam. Dieses Stück sollte ebenfalls die Moral der Häftlinge heben, sie optimistischer machen»*[65]

Eine andere Aufführung, die Bruno Apitz 1943 / 44 ausarbeitete, demonstriert ebenfalls, daß selbst der Schwächste nicht nur standhaft, sondern auch zu großen Leistungen fähig sein kann, wenn er den Willen dazu aufbringt. Apitz wählte für seine Szene «Na ja!» ein Milieu, das allen Buchenwaldhäftlingen nur zu gut bekannt war: den Holzhof. Das war ein Arbeitskommando, in dem vorwiegend invalide Inhaftierte Schwerstarbeit verrichten mußten. Sie hatten für die Beschaffung und Zubereitung von Feuerholz zu sorgen.

Apitz schuf auch die Dekoration so naturgetreu wie möglich.

«Ich selbst spielte einen solchen Häftling, der ‹Schonung› hatte, und sah entsetzlich grotesk aus. Ich war lang und dürr und hatte mir einen Häftlingsanzug gemacht, der mir viel zu groß war und an mir herumschlotterte. Außerdem trug ich eine Mütze und eine Brille sowie eine Maske aus fleischfarbenem Stoff, so daß man keine Haare sehen konnte; zudem hatte ich mich bleich geschminkt.»[66]

Zum Inhalt des Stückes schreibt er: *«Ich war ein sehr armseliger Häftling und lag ständig im Kampf mit meinem Kapo. Auf der Bühne entspann sich mit diesem zunächst ein witziger Dialog. Dann sollte ich arbeiten. Dazu hatten wir uns Requisiten anfertigen lassen, besonders präpariertes Holz und einen hohlen Baumstamm, dem man das nicht ansah. Ich sollte sägen. Da ich es aber nicht konnte, zeigte es mir der Kapo selbst. Dann erhielt ich den Auftrag, Holz zu spalten. Das Beil saß jedoch im Klotz so fest, daß ich es nicht herausbekam. Der Kapo half ziehen und flog, als sich das Beil endlich gelöst hatte, mit großem Schwung in einen gefüllten Wassereimer, während ich, die Hand im Holzscheit eingeklemmt, in einen Stuhl fiel, dessen Sitz zersplitterte. Es war eine richtige Zirkushumoreske und brachte die Zuschauer zum Lachen – und das war unter den Bedingungen im KZ schon viel wert. Der Kapo wurde nun immer gemeiner. Er trat mich aus dem Stuhl heraus, daß ich kopfüber in den Eimer stürzte. Dann schleppte er mich am Rockkragen bis zur Mitte der Bühne und schüttelte mich: ‹Was willst du bloß noch? Du hast doch, was du brauchst. Was willst du bloß noch?› Und jetzt kam die große Pointe, indem ich sagte: ‹Schonung!› Das war das Zauberwort für alle Gefangenen. Daraufhin rannte der Kapo weg, und ich stand allein auf der Bühne. Jetzt folgte das berühmte Couplet ‹Klagelied eines Häftlings›.[67]*

In ihm wurde dargestellt, wie schwer es manchen Menschen fiel, sich auf die Verhältnisse im KZ einzustellen.

Inzwischen hatte der Kapo die nasse Hose gewechselt und kam wieder herangehetzt. Nun habe ich gezeigt, wie ich arbeiten kann, habe mit einem Brotmesser ganze Rundlinge geschnitten und zu Feuerholz zerhackt und zum Schluß noch den riesigen Baumstamm allein aufgehoben, so daß der Kapo schließlich in Ohnmacht fiel.»[68]

Otto Halle befaßte sich mit einer ähnlichen Thematik, wenngleich er sie ernsthafter anlegte.

«Doch auch für uns kommt mal die Zeit»
von Otto Halle

(Der Chor der Steineträger singt hinter den Kulissen und kommt langsam auf die Bühne)

> Hoch auf dem gelben Wagen
> sitz ich beim Schwager vorn.
> Vorwärts die Rosse traben,
> Lustig erschallet das Horn.
> Berge, Täler und Auen,
> Lustiges Baßgebrumm,
> – ich blieb' ja so gern, um zu schauen,
> aber der Wagen der rollt.

(Die Kapelle begleitet den Gesang leise, um dann beim weiteren Spiel zu untermalen. Im Vordergrund links sind vier Häftlinge beim Steinesetzen beschäftigt. Einer von ihnen kniet und legt die Steine, während die anderen mit der Ramme in Erwartung stehen. Sie arbeiten nicht, sondern stützen sich auf ihr Handwerkszeug und lauschen dem Gesang hinter der Bühne.

Der Strom der Steineträger fließt über die Bühne, indem die Häftlinge auf der einen Seite auftreten und auf der anderen Seite verschwinden, jedoch immer wieder erscheinen, so daß der Eindruck entsteht, daß Hunderte beschäftigt sind. Das Bild muß immer fließen.

Ein alter Häftling tritt aus der Reihe und blickt nach dem Modell des Krematoriums zurück und wiederholt das, wenn er zum nächsten Mal er-

scheint, so daß der Eindruck enstehen muß, der alte Häftling beschäftige
sich in seinen Gedanken nur mit seinem Tode.

Die Steinesetzer beginnen ihre Arbeit. Nach einigen Hammerschlägen
läßt der Setzer den Hammer sinken, die anderen machen Halt, und der
erstere rezitiert jeweils einen Vers, in den die Rammer im Takt einfallen)

So hämmern wir fleißig

jahrein und jahraus

und schaffen die Straßen und bauen ein Haus.

Wir hämmern mit Fleiß und leimen mit Schweiß.

So geht es die Jahre

Im Buchenwald-Takt:

    Rack pickepack ticktack –

So hämmern wir Jahre,

doch einmal ist's aus

dann gehen wir endlich zu Muttern nach Haus.

Dann hämmern wir nicht mehr

im Buchenwald-Takt

aber der Hammer

wird um so fester gepackt:

    Rack pickepack ticktack –

Ja, dann stampfen und schlagen

und bohren und tragen

und reißen nieder

und bauen es wieder.

Heisa, dann wird ganze Arbeit gemacht

und tausendmal mehr und besser geschafft.

Und das alles mit lachendem, krachendem Takt:

    Rack pickepack ticktack –!

(Die Steineträger haben immer weiter getragen, jedoch gegen Ende der
Rezitation sind sie langsamer geworden. Sie essen verstohlen, einzelne setzen
sich nieder, ein anderer geht verstohlen nach dem Hintergrund und markiert
das Abschlagen seines Wassers. Die Szene ist müde und abgespannt. Die
Musik hat nur während der Rezitation aufgehört.

Der Alte wankt aus seiner Reihe und bricht zusammen. Einige helfen ihm
stumm. Die Masse sieht sich nur um und bleibt teilnahmslos. Plötzlich ein
Donnerschlag. Das Licht geht für einen Moment aus und beim Hellerwerden
sieht man einen Kapo in übernatürlicher Größe.

Geste der Macht.

Donnerschlag! Der Kapo ist verschwunden. Die Häftlinge setzen sich
erschrocken in Bewegung. Der Alte richtet sich auf, nimmt seinen Stein an
die Brust und wird selbst abgeschleppt. Die Szene wird leer, auch die Steinset-
zer sind verschwunden.

Der Schornstein des Krematoriums fängt an, stark zu rauchen.

Ein großes rotes Fragezeichen richtet sich von links auf, bleibt einen Moment stehen und senkt sich dann langsam nach rechts. Während das Fragezeichen aufrecht steht, erscheint in weißer leuchtender Schrift (ausgeschnittene Buchstaben):

SEIN ODER NICHTSEIN, DAS IST DIE FRAGE

Die Musik steigert sich und bricht mit einem Paukenschlag ab. Dann von neuem. Die Trägerkolonne erscheint wieder, trägt leicht und zuversichtlich und singt, während sich alle auf der Bühne versammeln):

«Doch auch für uns kommt mal die Zeit,
hollaria hollrio
Wo aus der Schutzhaft wir befreit,
Dann werden froh wir heimwärts zieh'n
:,: ganz gleich, ob's schneit, ob Rosen blüh'n :,:
(Vorhang)»[69]

Das nachfolgend aufgeführte Stück weist aus, wie Halle sich für einen stärkeren Zusammenhalt der Häftlinge untereinander einsetzte.

Hoffnung wider aller Hoffnung! Das spricht und sprach aus allen Texten; und auch in seiner Theateraufführung «Gestern – heute» ließ sich Halle den Mund nicht verbieten. Er forderte, daß dem Häftling gegeben werde, was ihm zustehe, daß sein Anspruch, Mensch zu sein und zu bleiben, auch nicht von denen gemindert werden könne, die das bestritten, die darauf abzielten, menschenunwürdige Verhältnisse zu schaffen – dies gar taten, indem sie das Recht beugten und eine Legalität vortäuschten, die später weltweit als «abhängige Justiz» gekennzeichnet wurde.

Doch nunmehr der zweite Text in vollem Wortlaut:

«Gestern - heute
von Otto Halle

Drei Steinklopfer, vermummt, Lagertypen, spazieren umher. Sie frieren, klopfen Hände und Füße, um sich zu wärmen. Einer von ihnen zündet verstohlen eine Kippe an und läßt auch die anderen einen Zug machen. Sie schneuzen sich durch die Finger. Einer knabbert an einer Rübe. Ein Vierter (Deutscher) belädt auf der rechten Bühnenseite einen Karren mit Steinen. Er fährt den Karren zur Mitte, wo er die Steine auf einen Haufen bereits geschlagener Steine ablädt. Ab und zu zieht er ein Stück Brot aus der Tasche, bricht ein Stück davon ab und schiebt es in den Mund. Plötzlich dreht er sich schnell um und erschrickt.

Deutscher: Achtzehn (Ausruf der Häftlinge, wenn sie vor einer plötzlich auftretenden Gefahr oder einem Wächter warnen wol-

len - Anm. der Verfasserin) – der Kapo!
(Die anderen eilen zu ihren Hacken und klopfen Steine)

Kapo: (kommt gravitätisch)
He, habt ihr schon wieder gefaulenzt? (drohend) Laßt euch nur nicht erwischen! (Pause) Haltet euch ein bißchen ran! Oder nennt ihr das vielleicht arbeiten? – He, Franzose, kannste nicht oder willste nicht? Und du? Nix rabotti? He! Der Teufel mag wissen, womit ihr draußen euer Brot verdient habt! (Zum Deutschen) Und du kannst ruhig ein bißchen aufpassen, daß die Burschen nicht einschlafen.

Deutscher: (zuckt die Schultern und schiebt wieder zum Laden)

Kapo: (schiebt einen der drei zur Seite und nimmt selbst den Hammer)
Hier, so wird das gemacht! Ihr seid zum Fressen zu dumm. (Er klopft eifrig)

1. Steinklopfer: Njet ponimai.

Kapo: Ja, davon versteht ihr nichts, aber es wird gut sein, wenn ihr es lernt! He, ... oder Krematorie! (Klopft sich auf die Finger) Au, verflucht! Alles wegen euch, verdammte Bande. Was lacht ihr noch? Ich will euch helfen!

Deutscher: (kommt mit seinem Karren zwischen sie und haut den Karren nieder)
Ja, glaubst du denn, daß man eine Berechtigung zum Leben dadurch hat, daß man Steine zerschlagen, daß man Dreck hin- und herwerfen oder andere Schachtarbeiten verrichten kann? Vielleicht haben sich die drei ihr Brot nicht mit den Händen verdient! Ich weiß es nicht, aber vielleicht sind sie genau so unschuldig an ihrem Hiersein wie du und ich. Freilich, für einen Kapo haben sie wohl nicht die richtigen Ellenbogen. Frage sie doch einmal, was sie früher draußen gemacht haben!

Kapo: He, du Tscheche, Franzmann, und du, kleiner Mistvogel, wickele dich mal raus aus deiner Schale! Was habt ihr denn draußen geschafft! Steineklopfen könnt ihr nicht, könnt ihr denn wenigstens etwas anderes?

1. Steinklopfer: (schüchtern) Ja, singen kann ich!

Kapo: Haha, singen! Singen kannst du, und du, Franzose?

2. Steinklopfer: (stolz, französisch) Ich singe auch!

Kapo: Großartig, jetzt fehlt mir nur noch, daß der Dritte auch singen kann. He, du! Kannst du vielleicht auch noch singen?

3. Steinklopfer: (Orchester fällt ein. St. steht langsam auf und kommt zum

	Vordergrund der Bühne. Singt leise, sich steigernd): Torna a Soriento ... (italienisch)
Kapo:	(weicht langsam zurück und bleibt an der rechten Bühnenseite stehen. Der Deutsche hat sich auf seinem Karren niedergelassen und hört aufmerksam zu. Der Sänger weicht, wenn er geendet hat, in den Hintergrund zurück.)
2. Steinklopfer:	(hat sich, während der Vorsänger endet, genähert und singt dann selbst): O Maria ... (italienisch)
Kapo:	(zum 1. Steinklopfer): Und du?
1. Steinklopfer:	(springt auf und geht mit voller Kraft in seinen Vortrag) Sole mio ... (italienisch)
3. Steinklopfer	(kommt aus dem Hintergrund. Findet eine lange Feder, wirft sich den Umhang um und ergreift die Mandoline und singt): Mephisto ...

(Vorhang)
(Deutscher erscheint vor dem Vorhang):

> Wenn du einmal nicht ganz so hungrig bist,
> wenn du einmal nicht gar zu müde bist,
> und wenn du einmal unverzagt
> an deine Heimat denkst
> und die Gedanken ganz allein
> nur deinen Lieben schenkst,
> dann endlich werde wieder klar,
> daß diese Zeit nicht immer war.
> Dann höre, wie aus tiefstem Schmutz
> ein Mensch verlangt nach deinem Schutz!
> Dann finde, wie an allen Stellen
> aus Lumpen Menschen, Menschen quellen!
> Dann wisse, daß man nicht mit Fluchen
> im Lumpen darf nur Lumpen suchen!
> Dann werde klar mit einem Male:
> Die Perle such und nicht die Schale!
> Und wickelst du die Lumpen aus,
> tu sorgsam es, vielleicht
> kommt gar ein ganzer Mensch heraus!»[70]

Es fällt besonders ins Auge, daß die Adressaten dieser Texte nicht nur die Inhaftierten waren. Zwar sollten die Gefangenen erkennen, daß sie alle in einem Boot saßen, daß weder Nationalität noch Milieu sie trennen könnten; aber da die Aussage über die Rampe einer Bühne ging, waren auch diejenigen angesprochen, die hinter allem Elend steckten: die Verursacher. Selbstverständlich bezog man die Kapos mit ein; denn sie, die die Selbstverwaltung des Lagers zu personifizieren hatten, machten häufig genug gemeinsame Sache mit der SS, um zu überleben.

Es wurde bereits davon gesprochen, daß es Rivalitäten in den Lagern zwischen den verschiedenen Nationalitätengruppen gab. Otto Halle appellierte an alle, die Differenzen zu begraben. Er griff das Problem erneut auf in seinem Kurzspiel «Bomber über Buchenwald». Die Szenen machen deutlich, daß alle die gleichen Ängste, Schmerzen und Sorgen auszustehen hatten – egal, ob Polen, Franzosen oder Deutsche.

«Vier Häftlinge sitzen auf der Seite und erzählen von ihrer Heimat. Die Beleuchtung ist halbdunkel und soll möglichst Blockstimmung erzeugen. Andere Häftlinge lesen, essen und beschäftigen sich beliebig.

Deutscher:	Ja, so sitzt man nun hier und wartet – wartet! Auf was eigentlich? In den langen Jahren, die ich nun hier bin, habe ich beinahe vergessen, mich auf das Draußen zu freuen. – Ich glaube, ich habe sogar Angst vor dem Draußen. (Sirene) Alarm!
Le Français:	Alerte!
Pole:	Alarm! (Bomben rollen dumpf, die Häftlinge zucken zusammen)
Deutscher:	Bomben fallen!
Franzose:	Des bombes sont en train de tomber.
Pole:	Bomby padaja!
Deutscher:	Meine Familie lebt in Berlin ... Berlin wird bombardiert.
Pole:	Moja rozina zyje w Warszawie ... Warszawe bombarduja.
Häftling:	(am Fenster) Sie sind über uns. (Dumpfe Schläge fallen)
Deutscher:	Wenn sie jetzt auf den Hebel drücken, dann – (ruhig) ist es aus ...
Le Français:	S'ils appuient sur le déclencheur, alors ... c'est fini ...
Pole:	Jezeli teraz tylko na guzik nacisna to koniec z nami – ... (Einschläge, laut, dichter)
Deutscher:	Da schlafen 800 Kameraden in einem Block und eine Bombe kann sie vernichten.
Pole:	Osiemset ludzi na jednym bloku, jedna bomba moze wszystkich zniszczyć.
Franzose:	Huit cents hommes dans un bloc, et avec une bombe on peut les détruire.
Deutscher:	Und sie schlafen, und sie tun recht daran. Immer denken müssen, jetzt saust der Tod in blitzschnellem Flug auf dich

los – vielleicht zerfetzt er im gleichen Augenblick deine Lieben.

Franzose:	Nous dormons sous le regard de la mort.
Pole:	W kazdej chwili moze nastapić śmierć, zyjemu ty na ty z kuma śmiercia. (Einschlag)
Häftling schreit:	Ich will nicht sterben! (Weint hysterisch; er bricht zusammen, die anderen bemühen sich um ihn ... Unruhe)
Deutscher:	Wir leben auf du und du mit dem Gevatter Tod. Nicht einmal Angst haben kann ich. Aber ich kann auch nicht denken. Ha – Freund! Nimm deine Fiedel und spiele uns die Last vom Herzen! (Spielt Cello «Der Tod und das Mädchen»)
Franzose:	Chassez par votre musique les soucis des coeurs ... une consolation seulement, c'est que la nuit passera. Un jour, tout est passé. (Nimmt seine Geige und fällt ein, die anderen folgen)
Franzose:	Ainsi tout passé un jour la guerre aussi sera passé.
Deutscher:	Einmal wieder wird Friede sein, und wir gehen heim.
Pole:	Nie bezie już obawy, nie bedzie Strachu ni krzyków, nie bedzie bomb, nie bedzie wojny.
Deutscher:	Keine Bomben mehr und kein Krieg. (Sirene und Entwarnung). Der Bewußtlose hat sich langsam aufgerichtet. Quartett spielt erneut, fest und zuversichtlich Beethoven, Ouvertüre Egmont. Nachdem sie geendet haben, leise Andacht.)
Deutscher:	Nun laßt uns schlafen geh'n.
Franzose:	Encore une fois allons dormir.
Pole:	Jeszcze raz spać, dobrze spać.
Deutscher:	Noch einmal schlafen. (Vorhang)»[71]

Daß die Häftlinge sich nicht nur auf Ereignisse beschränkten, die mit der Bedrohung ihres Lebens zu tun hatten, soll nicht verhehlt werden. Mitunter waren es auch sehr unmittelbare Bezüge, die abgehandelt wurden. So gab es z. B. Weihnachten 1943 / 44 in Buchenwald eine Opernaufführung mit dem beziehungsreichen Titel «Buchhäuser oder der Läusekrieg auf der Wartburg».[72] Es liegt nahe, an das Sprichwort zu denken: «Humor ist, wenn man trotzdem lacht!» Im wahrsten Sinne reagieren die Inhaftierten ja mit dem Mittel des Galgenhumors oft genug, um sich nicht ihres letzten Halts berauben zu lassen.

Aber zurück zur Oper! Die Aufführung fand in der Pathologie des

Lagers statt – wiederum ein sehr makabrer Ort! –; und das aktuelle Lagerthema, wie man mit den sich rasend vermehrenden Läusen fertig werden sollte, bildete den Vordergrund des Stückes, während eine klar formulierte Kritik gegen die von der SS geduldeten Zustände das Werk unüberhörbar durchzog.

Ein bisher ausgeklammertes Problem verdient aber auch noch Beachtung: Die Sexualität!

Angeblich ist sie in Männergemeinschaften das sogenannte «Thema Nr. 1»; aber in einschlägigen Berichten ist überall nachzulesen, daß der Sexualtrieb der Menschen abhängig ist von ausreichender Nahrung; und infolgedessen spielten bestimmte Wünsche nur dort eine (kleine) Rolle, wo das Leben erträglich war, wo genügend Lebensmittel zur Verfügung standen. Dennoch kam auch diese Art der Thematik dann und wann zum Tragen.

«Eine dritte Art Texte wurde von Teddy A. geschrieben; oftmals stand im Mittelpunkt dieser Texte die sexuelle Frage; Kameraden traten in karikierender Form als Mädchen auf. Den Höhepunkt all dieser Darbietungen bildeten die heißen Pfingsttage von 1943, wo an beiden Festtagen Aufführungen stattfanden. Die SS erschien bei der Hauptprobe, amüsierte sich und genehmigte fast das ganze Programm. Mitten in der Veranstaltung bei glühender Sommerhitze mußte Teddy A. seine Travestie abbrechen, weil ein britischer Fliegerangriff hineinplatzte, und wir alle in den Bunker mußten.»[73] Diese Mitteilung ist Heinrich Christian Meier, Häftling im KZ Neuengamme, zu verdanken. Er kommentierte übrigens an einer Stelle seines Berichtes auch die Arbeiten von Theaterautoren und sagte dazu: *«... Köbes und B. inszenierten von ihnen geschriebene Texte, die auf einem Stoff beruhten, der aus der Gegenwart des Lagerlebens genommen war, und zwar so, als ob das ehemals bürgerliche Dasein gestorben war. Es war also ein urteilendes und kritisierendes Jasagen zu den Gegebenheiten von Neuengamme; der Lagerkünstler hatte den Standpunkt zu beziehen, daß Neuengamme nicht ein böser, vorübergehender Alptraum, sondern Wirklichkeit war. Hierin lag die psychotherapeutische Bedeutung dieser Veranstaltungen (!). Thema einer solchen aufgeführten komischen Szene war z. B. das Bordell, die Frage einer derartigen Einrichtung im Lager (das war 1943, bevor das Bordell Wirklichkeit wurde).»*[74] Mit diesem Text bestätigt Meier gewissermaßen die Ansicht der Verfasserin, die sie im Kapitel 3.2. (Theater im KZ als spiritueller Widerstand, S. 23) geäußert hat.

Bevor dieser Abschnitt abgeschlossen wird, sei ein Hinweis gestattet:

Es ist durchaus denkbar, daß die gehäuft eingestreuten Werkbeispiele beanstandet werden könnten. Darauf ist zu erwidern: Die Unmittelbarkeit, die aus den Texten spricht, ja sogar ihre mitunter ungewollte Naivität und der etwas pompöse Stil werden stärker und bewußter erfahren, wenn man die Originale kennt. Das Filter ausführlicher Interpretation erübrigt sich dann, zumal obige Arbeiten den direkten Zugang zu den Vorgängen eröffnen und das Verständnis für Wünsche und Möglichkeiten von KZ-Insassinnen und -Insassen wesentlicher wecken.

Hinzu kommt, daß der Abstand von Zeit und die Unbekümmertheit einer späteren Generation den Blick verstellen könnten.

> *«... Was gespielt wurde, war immer mitten in die Zeit gestellt, hatte Sinn und Form und zog das Zeitgeschehen durch das Stachelgestrüpp zu uns ins Lager. Dort wurde es gewogen und fand seine Abschätzung, legte neue Hoffnung in die gequälten Kumpel und rief sie zum Widerstand gegen Faschisten ..., glossierte aber auch die Schinder und Kompromißler im eigenen Lager.»*
>
> Ludwig Turek, Lager Gurs[74a]

3.3.3. Kabarett und Satire im KZ

Die Kleinstkunstform des Theaters mit ihrem bissigen Zeit- und sozialkritischen Charakter erlebt immer dann eine «Blütezeit», wenn Menschen und Völker in Angst und Unterdrückung existieren müssen. Sobald das Recht auf eigene Meinung und Entscheidung diktatorisch unterbrochen wird, widersetzt sich dem der Kabarettist, indem er Botschaften der Kritik und des Widerstandes so verschlüsselt darbietet, daß die Zuschauer und Zuhörer dennoch verstehen, ohne daß die herrschende Justiz einen unmittelbaren Anlaß finden kann, dagegen einzuschreiten (obwohl das mitunter ein Trugschluß der Kabarettisten ist!).

Im KZ und Getto bildete das Kabarett häufig die Theaterform, der sich die Häftlinge zuerst bedienten. So geschah es z. B. in Börgermoor, Dachau und Theresienstadt. Die vorhergehenden Kapitel zeigten u. a. schon, daß Stücke von Klassikern etc. aufgeführt wurden.

Warum aber versuchten die Künstler häufig, ihre Ansichten durch die o. e. Kunstform auszudrücken?

Eine ausführliche Stellungnahme war darüber nicht zu finden; aber eine Begründung ist eventuell darin zu sehen, daß Kabarett ökonomischer zu gestalten war als ein Drama. Es beanspruchte weniger Zeit und bedurfte keiner aufwendigen Mittel. Kleine Szenen sind schneller einzustudieren als große. Das Problem der Dekoration war leichter zu lösen. Man konnte außerdem in versteckter Form viel gezielter Kritik üben. Zudem verlangte diese Art des Theaters eine immense Flexibilität und Improvisationslust von den Initiatoren. Das kam den Ausführenden schon deshalb entgegen, weil sie mit plötzlichen Gefahren zu rechnen hatten. Sobald SS-Leute oder Spitzel auftauchten, mußte das Programm schlagartig geändert werden, um jene zu täuschen.

Eine andere, fast simple Erklärung ist die: Den Schauspielern und Autoren mangelte es an Schreib- und Buchmaterial. Nava Shan sagt dazu: «... – *weil es waren nicht viele Bücher und Texte dort ...*»[75]

George Wellers bestätigte diese Aussage, indem er auf gleichartige Situationen in Drancy, Compiègne und Auschwitz hinwies: *«Sie hatten uns verboten, Bücher zu behalten; Bleistifte und Papier waren kaum vorhanden ...»*[76]

Das zwang die Theatermacher, sich klassischer Stücke entweder getreu zu erinnern oder neue zu verfassen. Über Art und Inhalt solcher Kabarettszenen liefert uns wiederum W. Langhoff ein Beispiel. Er bezieht sich auf eine Vorstellung, die 1933 im KZ Börgermoor lief: «Zirkus Konzentranzani» (bereits einmal im Kapitel 3.2. erwähnt, S. 25).

Es handelte sich dabei um eine Mischform von Kabarett und Variété (Artistik, Tanzdarbietungen, Songs, seichte Lieder, kritische Sketches).

Für diese Vorstellung wurde auch das heute allgemein bekannte Lied «Die Moorsoldaten» verfaßt.

Eine Ausnahme unter den Lagern bildete das KZ Gurs insofern, als die Lagerdirektion erlaubt hatte, eine eigene «Kulturbaracke» einzurichten.

Die Künstler hatten mit kleinen «Bunten Programmen» ihre Arbeit begonnen. Nach einer gelungenen Festveranstaltung zugunsten der «Winterhilfe», die speziell vom Kommandanten erlaubt worden war, durften die Internierten «ihren» Raum gestalten.

Peter Pan, der Initiator der «Bunten Programme» gibt darüber folgende Auskunft: «... *Die Lagerverwaltung besorgte uns einen recht guten Mietflügel ...; und so spielten wir, umringt von Stacheldraht,*

Börgermoorlied.

Verfasst und komponiert von Schutz-
häftlingen des Staatl. preuss. Konzentrations-
lagers I Börgermoor / Papenburg.

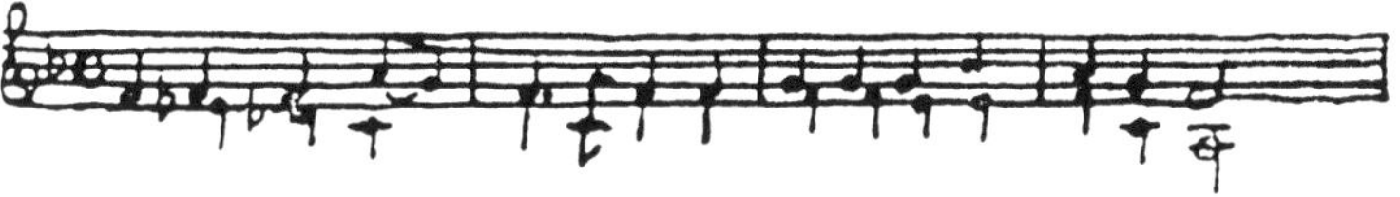

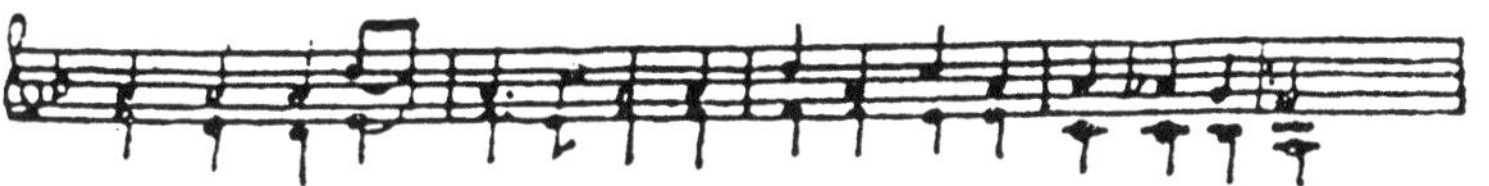

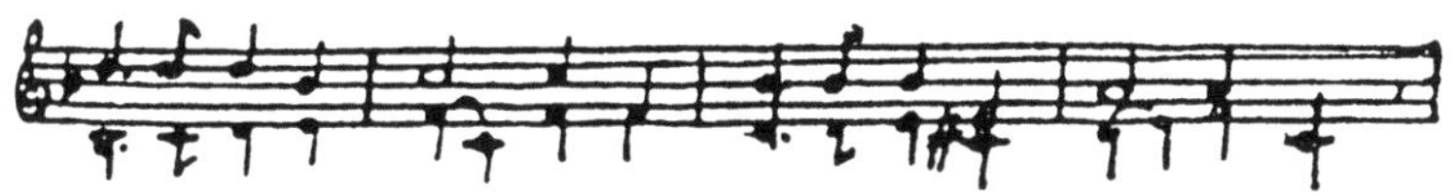

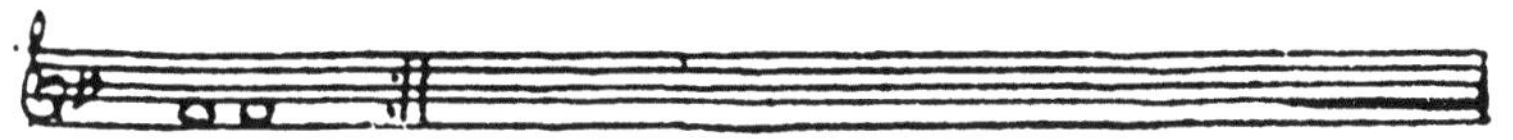

Letzte Strophe: Dann ziehn die Moorsoldaten – nicht mehr mit
dem Spaten, ins Moor!

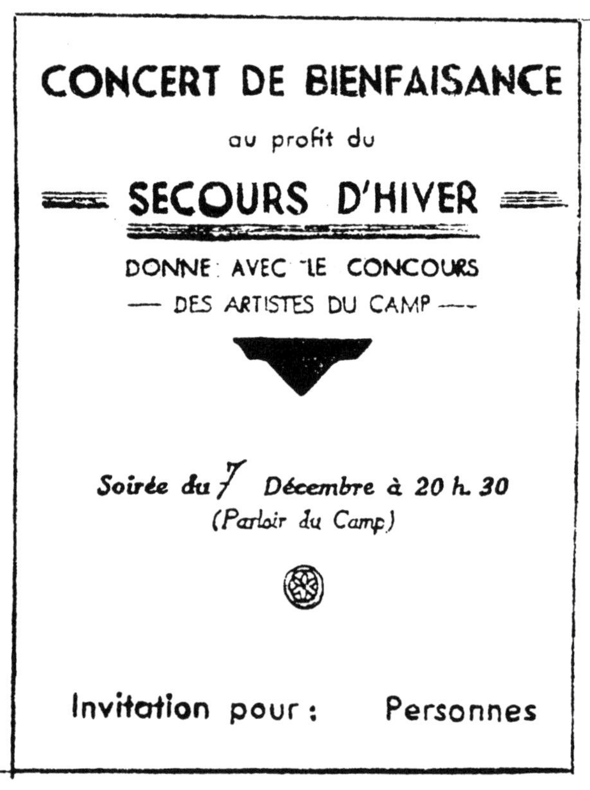

Einladung zur Festveranstaltung für die «Winterhilfe»[79]

Einige Titel der Revuen lauteten:
«Radio Polyglott» – «Der große Ausverkauf» – «Schmocks höhnende Wochenschau» – «Folies (Hé) Bergères» – «Unter uns gesagt» – «Höchste Eisenbahn» – «Zwischen Himmel und Hölle».[80]

Es waren die bekanntesten. Leider gingen die meisten Programminhalte verloren, da nur wenige Künstler und Mitwirkende der faschistischen Vernichtungsmaschinerie entkamen.

Zwei Beispiele aus der Revue «Schmocks höhnende Wochenschau» legen stellvertretend Zeugnis ab von der kabarettistischen Tätigkeit in Gurs:

50

«Säuberung im Zoo

Wir sind die neuste Kommission.
Sie wissen schon. Sie wissen schon.
Wir säubern frisch und froh
den Zoo, den Zoo, den Zoo.
Die Menschen sind schon eingeteilt,
jetzt hat's die Viecher auch ereilt.
Wer jüdisch hier sieht aus,
muß 'raus, muß 'raus, muß 'raus!
Vom Rindvieh bis zum wilden Schwein,
der ganze Zoo muß arisch sein.
Es braust in jedem Stall
ein Ruf wie ein Donnerhall:
Alle Tiere, groß und klein,
Nase raus, Schwanz herein!
Unser Zoo wird judenrein.
Sie werden sehn,
das wird so schön,
da staunt sogar der Papa Brehm!
Den Papagei und das Kamel
betrachten wir schon lange scheel.
Beim ersten Blick man sieht:
Semit, Semit, Semit!
Beim Nashorn und beim Elefant
wird an der Nase gleich erkannt,
was sich dahinter tut:
ein Jud, ein Jud, ein Jud!
Das Eichhorn und das Känguruh,
die mauscheln auch nur immerzu
und fuchteln mit die Händ,
gottlob, das hat ein End!

Refrain

Die Bären haben platte Füß,
das Dromedar ist obermies,
beim Nilpferd wird mir kalt:
Gewalt, Gewalt, Gewalt!
Beim Löwen sieht ein jedes Kind,
daß seine Mähne Löckchen sind,
die Ziege meckert keck:
Hinweg! Hinweg! Hinweg!

Der Karpfen murmelt glückserfüllt,
daß man ihn nicht mehr koscher (jüdisch rituelle Küche)
füllt.
Da sagt zu ihm der Barsch:
Mich könn'se mal am ...

Refrain

So komm' wir langsam auf den Grund,
und übrig bleibt der Schweinehund,
Hyäne und Schakal.
Egal, egal, egal!
Die Affen grinsen schadenfroh,
das Rindvieh freut sich ebenso,
die Esel schrein hurra!
Iah, iah, iah!
Der Wiedehopf stinkt weiter dort,
der Hamster schleppt die Beute fort,
der Pleitegeier krächzt:
Wir sind und bleiben rechts!

Refrain»[81]

«Ein Hund philosophiert ...

Gewidmet den zahllosen herrenlosen Wauwaus,
die alle Camps bevölkerten

Ich bin ein kleiner Köter
und hab' noch nicht ein Jahr.
Der größte Schwerenöter,
der je im Lager war.

Ich lebe in den Tag hinein,
so wie es mir gefällt,
und renn ich in das Lager 'rein,
dann hab ich froh gebellt.

Denn wenn ich da die Leute seh'.
bet' ich aus Herzensgrund:
Ein Glück, daß *die* die Menschen sind
und ich ein kleiner Hund!»[82]

Allerdings waren diese Aufführungen und Texte nur deshalb denkbar gewesen, weil der größte Teil der Wachmannschaft und des Verwal-

tungspersonals von Gurs sich aus evakuierten Elsässern zusammengesetzt hatte.

Peter Pan kommentierte das dergestalt: «... *So sahen sie uns vieles durch die Finger, was uns unter normalen Umständen eine Kugel eingetragen hätte, und freuten sich insgeheim über alle zeitsatirischen Angriffe, die wir von unserem primitiven Bühnchen gegen die faschistische Barbarei in allen ihren verschiedenartigen Formen und Verkleidungen richteten ...*»[83]

Die Kabarettisten im Lager Dachau hatten es da nicht so einfach.

Zwar, so erzählt Bruno Heilig, gaben die Künstler wie Fritz Grünbaum, Paul Morgan, Hermann Leopoldi und der Sänger Kurt Fuß jeden Sonntag Kabarettnachmittage; und Willy Horst erinnerte sich, daß mit den primitiven Mitteln täglich abends in den verschiedenen Blocks Kabarettvorstellungen gegeben wurden. Dies mußte aber im geheimen geschehen, «... *wobei vom Conférencier ersucht wurde, nicht laut zu lachen, damit nicht ein zufällig vorbeigehender Posten*» die illegale Vorstellung hörte. «*Denn in diesem Fall würde es für jeden Schauspieler als ‹Honorar› 25 Stockhiebe gegeben haben. Anders wurde es erst im Jahre 1943.*»[84]

Das offizielle Verbot, Kabarett zu spielen, wurde 1940 ausgesprochen. Im Sommer dieses Jahres konnte das Programm der Gruppe «Kakadu» nicht durchgeführt werden, «*weil der von den Häftlingen aufgestellte Posten Warnrufe vernehmen ließ: ‹SS im Anmarsch!› Alles ergriff durch Türen und Fenster die Flucht ...*», schrieb Bruno Jakob im «Neuen Deutschland» vom 27.12.1966.[85]

Im KZ Neuengamme setzte das Theaterleben verhältnismäßig spät ein, etwa Mitte 1942.

«*Die Voraussetzung dafür entstand erst, als das Lager durch die monatelange ‹Quarantäne› und Arbeitsruhe ... in ein gemäßigtes Tempo hineinsteuerte ..., hier sammelten sich die seelischen Energien so weit, daß ein Kamerad aus der Erinnerung Kabarett- oder Liedertexte memorierte, um sie abends vor der Nachtruhe unter großem Applaus im Schlafsaal vorzutragen, was hin und wieder vorgekommen ist ...*»[86]

Ein anderer Augen- und Ohrenzeuge, Yehuda Bakon, der 1942 als Elfjähriger nach Theresienstadt kam und ein Jahr später nach Auschwitz transportiert wurde, führt aus: «... *ich erinnere mich, wie ich schon sagte, wir kamen vor Weihnachten an. Man hatte eine große Weihnachtsfeier in der Sauna gemacht, und wer wollte, der konnte hingehen. Alle Häftlinge gingen, ich auch, es wurde ein Kabarett vorgeführt ...*

*Wir hatten auch einige satirische Sachen ..., der Inhalt des einen war,
daß einer träumt, er ist schon auf der anderen Welt, und zu seinem
Schrecken, auch dort sind SS-Männer! Heute, wenn ich daran denke,
ganz ‹kafkaisch›. Oder andere Illusionen: Wir sind befreit, und wir
sehen auf er Straße ein Lastauto. Wir wehren uns, einzusteigen – die
Leute wundern sich und fragen: ‹Warum denn?› Ja, man muß bedenken, daß in Auschwitz ... war ... das Lastauto ein Symbol für Krematorium...»*[87]

Zu den bereits erwähnten kabarettistischen Leistungen muß unbedingt auch jene gezählt werden, die von französischen Häftlingen in
Buchenwald inszeniert worden war: die Revue «Noel au Studio 34»![88]

Der Begriff «Revue» ist hier dem des Kabaretts gleichzusetzen.

Die Franzosen verfremdeten u. a. die Grimm'sche Märchengestalt
«Hans im Glück», um mit ihr die Lagerzustände und Vorkommnisse
zu karikieren, gleichsam «auf die Schippe zu nehmen». Eine andere
Parodie bediente sich der 10 Gebote, die sich selbstverständlich nicht
auf die ethischen Forderungen des Moses bezog, sondern wiederum
die unmittelbaren Schrecknisse und ihre Beseitigung oder zumindest
Änderung anstrebte.

Alvin Goldfarb zitiert in seiner Promotionsarbeit[89] Bruce H. Zort-
man. Von ihm erfuhr er, daß im Lager Westerbork auch Kabarett
gespielt worden war. Der Komödiant des Lagers war Max Ehrlich. Er
wurde am Klavier von Willy Rosen begleitet. Sie schufen gemeinsame
Programme, darunter «Essig und Öl» und «Gemischter Fruchtcoctail».

Goldfarb informiert auch über eine einzigartige Kabarettvorstellung
in der Nähe des KZ's von Riga. Die Protagonisten waren in diesem
Falle – Puppen! Eine Gruppe von Frauen schuf das Programm zum
Geburtstag ihrer Lagerältesten. Flora Rome organisierte das Projekt,
schrieb die satirischen Szenen und überwachte das Basteln der Figuren.

Adela Bay, Musia Deyches, Regi Litvas und die Schwestern Kotik
halfen ihr dabei.

Diese außergewöhnliche Aufführung hatte so viel Erfolg, daß auch
sie wiederholt werden mußte.[90]

Jana Śedová verdanken wir zudem folgende Mitteilungen über das
tschechische Kabarett in Theresienstadt: In ihren Erinnerungen werden
wir bekannt gemacht mit der Premiere im Jahre 1942, Karel Śvenk
war seinerzeit der Kabarettist, der erstmals etwas zuwege brachte.

Und nun Jana Śedová: «... *Es gab keine Plüschfauteuils im Parkett.
Papiertüten mit Bonbons raschelten nicht. Beim Buffet erhielt man*

keine Erfrischungen. Beifall war strengstens verboten. Es war nämlich nicht ratsam, überflüssigen Lärm zu machen. Den Schlußchor des Abends sangen die Zuschauer gemeinsam mit den Darstellern gedämpft, aber um so begeisterter. Er endete mit den Worten: ‹Alles geht, wenn man will, reichen wir einander die Hände, und auf den Trümmern des Ghettos werden wir lachen.›»[91]

Die Schilderung der Šédová enthält aber noch weitere Details: *«Erst wenige Wochen vorher hatten die Nazis damit begonnen, jüdische Transporte in die Kasernen von Theresienstadt zu verfrachten. Und in einem Lager, das bloß eine Umsteigestation auf dem Weg in die Gaskammern von Auschwitz war, hatten die Häftlinge nur wenig Hoffnung, den Tag zu erleben, an dem sie auf den Trümmern des Ghettos lachen würden. Karel Švenk, der Autor des Liedes, dachte aber gar nicht daran, das Lachen bis nach Kriegsende zu verschieben. Die befreiten Häftlinge auf den Trümmern des Ghettos zum Lachen zu bringen, wäre gewiß leicht gewesen – aber damals, im Jahre 1942, in einem Konzentrationslager der Nazis, war es ein viel schwierigeres Beginnen, dafür aber auch um so verdienstvoller.*

Švenks erstem Kabarett gelang aber viel mehr als das. Es war satirisch ... Kein Mißstand entging seinem beißenden Witz, in genau der gleichen kühnen Art wurden auch die Nazimachthaber lächerlich gemacht. Bei denen konnte er jedoch kaum eine Abstellung der aufgezeigten Mißstände erwarten. Glücklicherweise hatte die SS keine Ahnung davon, daß sie auf unserer Bühne kritisiert wurde ... Das Kabarett verbesserte nicht nur die Stimmung im allgemeinen, sondern festigte auch die Moral, die in einem Lager so leicht untergraben werden kann.»[92]

Die professionelle Schauspielerin Nava Shan, die die Premiere von Švenks Kabarett ebenfalls miterlebte, kommentierte sie dergestalt: *«... Theater – aber in einer amateuren Form – mehr ein Studententheater. Švenk hat allein die Texte geschrieben und auch allein die Regie geführt. Ich erinnere mich nur, daß ich nicht mitarbeiten wollte, da es unter meinem Niveau als Schauspielerin war ... Vielleicht war ich damals noch zu dumm, um zu verstehen, daß die Sachen, welche dort gesprochen wurden, vielleicht wichtiger waren als die schauspielerische Kunst ... Gustav (Gustav Schorsch) hat immer betont, daß nicht nur die Vorstellung wichtig ist – sondern gerade das Niveau – daß wir lernen müssen, damit wir nicht zurückbleiben ...»*[93]

Obwohl Nava Shan überzeugt davon war, daß das Kabarett primitiv ablief, räumte sie später ein: *«... Aber es hat eine Funktion gehabt, die*

... viel wichtiger war als das ganz große tschechische Theater von Schorsch.

Denn dies war das erste Mal, daß jemand Witze gemacht hat von dem Ältestenrat und von den Deutschen – und jemand, welcher den Mut hatte, alles mit vollem Mund zu sagen und der keine Angst gehabt hat, daß ein Deutscher kommen wird. Man hat dort wirklich über alles hergemacht, was in Theresienstadt war ... Ich habe schließlich und endlich mitgespielt ...»[94]

Śvenks Kabarett fand bald eifrige Nachahmer. So rief Jana Śédová das erste Frauenkabarett ins Leben, das seine Tätigkeit circa zwei Monate nach Śvenks Erfolg begann. Zur Abwechslung fand es auf dem Dachboden statt.

«... wir standen ihm wenigstens in einem nicht nach: in dem Mut, auf der Bühne über die brennendsten Probleme des Lagers zu sprechen», triumphierte die Śédova fast und fährt fort: *«Und das war für unser Publikum die Hauptsache. Die Szenen, in denen der Nagel so richtig auf den Kopf getroffen wurde, hatten immer auch den größten Erfolg. Bei uns war dies, soweit ich mich erinnern kann, der Sketch über die kleine Sarah, die nach der Befreiung in ein Irrenhaus gesperrt wird, weil sie alle ihre guten ‹Lagergewohnheiten› auch in der zivilisierten Welt nicht abgelegt hat. Vielleicht könnte man meinen, wir hätten das Leben der Darsteller wie der Zuschauer überflüssigerweise auf's Spiel gesetzt. Dort und damals war es jedoch ein untrennbarer Bestandteil des Lageralltags, sein Leben zu riskieren. Der Tod lauerte auf einen bei jedem Schritt. Ein bißchen mehr Essen, ein Brief, eine Zigarette, ja selbst nur eine Zusammenkunft zwischen Mann und Frau, Vater und Kind konnten den Tod bringen. Daher war es in den Augen der Häftlinge kein außergewöhnliches Risiko, wenn man Theater spielte oder ein Theater besuchte ... Wir spielten ohne Kostüme und ohne Podium, damit auf dem Tatort keine Spuren unserer geheimen Aktivitäten zurückblieben ...»*[95]

Die wichtigsten Elemente für das Repertoire des Theresienstädter Kabaretts basierten folglich auf Lagererlebnissen; und das wurde um so dankbarer aufgenommen, je intensiver und schärfer die Irownieblitze waren, die das Schreckliche «erhellten».

Die Stücke «Marionetten» von Peter Kühn, «Spiel von der Falle» von Zdeněk Jelínek, «Prinz Bettlägerig» und «Ben Akiba hat gelogen» von Josef Lustig und seinem Freund Spitz, einschließlich der Szenen von Karel Śvenk «Es lebe das Leben» und «Der letzte Radfahrer», machen bereits in ihren Titeln kund, daß hinter dem gesamten Szenarium mehr als nur lokaler Witz steckte.

Der Inhalt von «Ben Akiba hat gelogen» bezog sich unmittelbar auf die Geschichte der Festung Theresienstadt.

Kaiserin Maria Theresia und ihr Sohn Joseph beobachten vom Paradies aus durch ein Teleskop die Welt. Besonders aber interessiert beide Theresienstadt, jene Festung, die die Kaiserin einst hat anlegen lassen, um Böhmen gegen die Preußen zu schützen. Zwei «nichtarische» Seelen kommen alsdann in den Himmel und berichten den Majestäten von den aktuellen Geschehnissen in ihrer Stadt. Das Stück endet mit der Feststellung: «In der Welt geschieht etwas, was noch niemals da war!» Damit wird die Behauptung des weisen Rabbis Ben Akiba, es gäbe nichts Neues unter der Sonne, kabarettistisch ad absurdum geführt.[96]

Das Kabarettstück «Der letzte Radfahrer» von Švenk gründete sich auf den Slogan: «Die Juden und die Radfahrer sind an allem schuld!» Das Sündenbockphänomen wurde also abgehandelt.

«In einem nicht näher bezeichneten Lande ist es Narren gelungen, aus dem Irrenhaus zu entkommen und sich der Herrschaft zu bemächtigen. Die Diktatorin Pani erläßt sofort das erste verrückte Gesetz: Alle Radfahrer und alle Personen, die nicht nachweisen können, daß ihre Vorfahren bis ins sechste Glied Fußgänger waren, sollen unverzüglich auf die Schreckensinsel deportiert werden. Der Held des Stückes ..., ein Radfahrer, fällt bei der Überfahrt zufällig über Bord, rettet sich ans Land und wird so der letzte Radfahrer in einem Reich von Fußgängern ... Die Diktatorin erfährt von Borivojs Flucht durch ihren Spiegel. Dieser Spiegel warnt sie aber gleichzeitig davor, den letzten Radfahrer umzubringen. Kein Staat der Welt könne ohne einen Radfahrer existieren, weil es sonst niemand geben würde, den man für alle schiefgegangenen Dinge verantwortlich machen kann ...»[97]

Das Ende vom Lied?

Der Radfahrer soll im Zoo ausgestellt werden, er entkommt, wird schließlich doch gefangengenommen und verurteilt, auf den Mond geschossen zu werden. Der letzte Wunsch, noch eimal rauchen zu dürfen, bringt die Rettung. Die Zündschnur der Rakete wird anstelle der Zigarette angesteckt. Diktatorin und Narrengefolge fliegen in die Luft. Aber die Herrschaft der Narren, so der Radfahrer, sei leider nur auf der Bühne, nicht in der Welt zu Ende.[98]

Bislang war immer nur die Rede von Kabaretts anderer Nationalität;

aber es existierten auch deutsche. Eines davon leitete der Schauspieler Kurt Gerron in Theresienstadt. Es hieß «Das Karussell».

Nava Shan, im Interview nach diesem Kabarett befragt, antwortete: «... *Sie haben Kabarett gemacht – aber nicht politisches Kabarett. Vielleicht waren sie zu stumpf, die Deutschen, vielleicht haben sie Angst gehabt – ich weiß nicht, was der Grund war. Auf jeden Fall hatte es kein Niveau – trotzdem, daß dort bessere Schauspieler waren als bei den Tschechen. Sie haben auch Stücke aufgeführt – nicht viele – ich erinnere mich an die Vorstellung, aber nicht an den Namen – auf jeden Fall hat man dort nichts Großes gemacht – Man hat sehr viel Kabarett gemacht und sehr viele Soloauftreten von verschiedenen Singen und Deklamieren und Springen und Tanzen usw., aber über gutes deutsches Theater in Theresienstadt kann man nicht sprechen ...*»[99]

Diese scharfe Kritik muß wohl einfach hingenommen werden. Sie ist schon deshalb nicht zu entkräften, weil von den in Theresienstadt entstandenen Bühnenwerken kaum etwas erhalten blieb. Sie wurden lediglich im Gedächtnis der Beteiligten aufbewahrt; und somit kann niemand den Anspruch auf Richtigkeit oder Vollständigkeit von Aussagen erheben. Es existieren jedoch Federzeichnungen darüber. Vielleicht geben sie einen kleinen Einblick. Aber hier stehen nur Bilder für den Text!(siehe Bild S. 59/60)

Es sei dahingestellt, ob Jana Šédovás harsches Urteil von Rivalität, Sachverstand oder gar von begreiflichem Haß mitbestimmt wurde; aber ihre Bemerkung zum Kabarett allgemein ist durchaus akzeptabel, in der sie mitteilt, daß die Künstler für grundlegende sittliche Werte kämpften.

Sie drückt es so aus: «... *Eine solche Theateraufführung konnte einen Haufen namenloser Transportnummern in eine Gemeinschaft begeisterter Menschen verwandeln. Vielleicht nur für zwei Stunden. Aber etwas von diesem Gefühl verblieb und wurde mitgenommen ins kalte, kahle Quartier. Und dieser Funke spendete Licht und wurde Wärme für viele Tage. Und das war, glaube ich, das kostbarste Geschenk, das das ... Theater seinem Publikum machen konnte.*»[102]

Daran gemessen, ist Kabarett heute natürlich nur eine sehr linde Form von Zustandskritik. Wir nehmen sie auf als zusätzliche Würze unseres politischen Alltags beispielsweise; aber sie reißt uns gewiß nicht aus dem Sessel; und ob wir vermögen, unser Leben zu riskieren, um eines klaren Wortes willen, das müssen wir hier wohl als Frage offen stehen lassen.

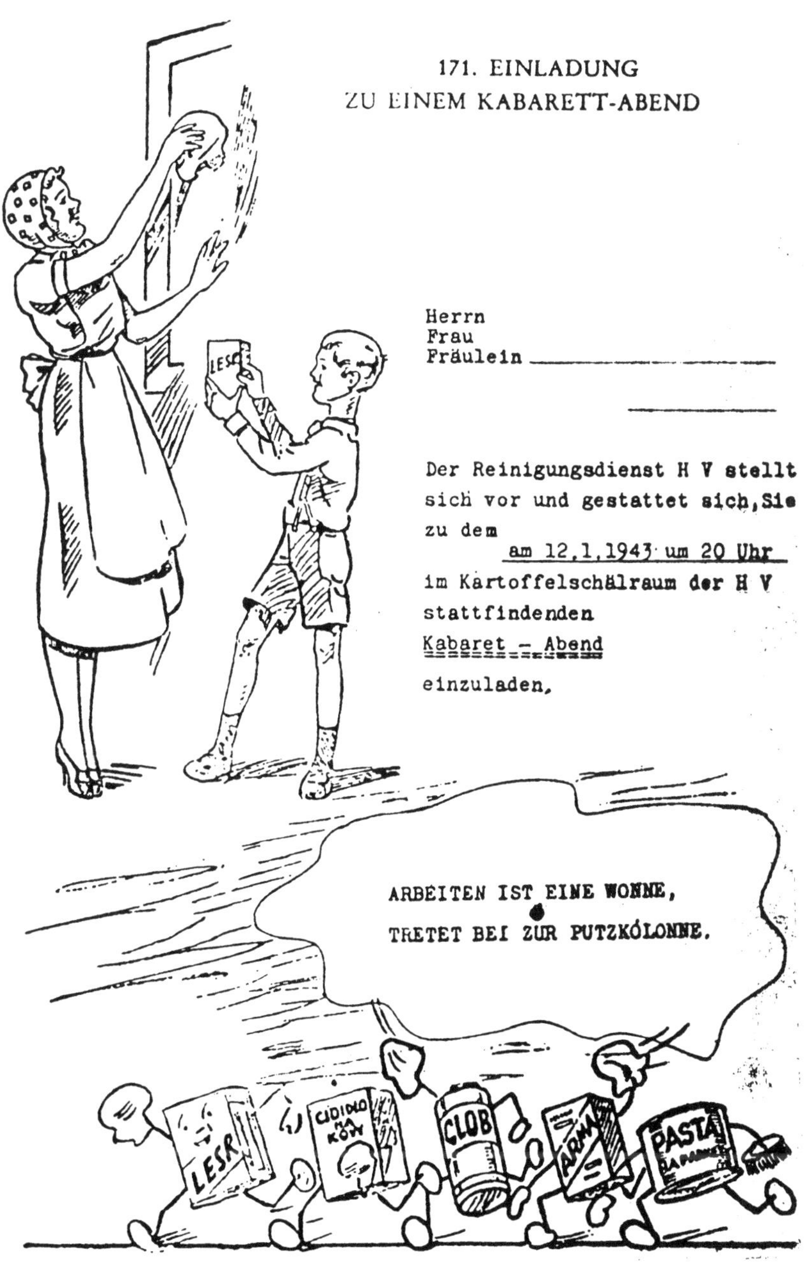
LESE

Herrn
Frau
Fräulein ________________________

____

Der Reinigungsdienst H V stellt
sich vor und gestattet sich, Sie
zu dem
        am 12.1.1943 um 20 Uhr
im Kartoffelschälraum der H V
stattfindenden
Kabaret — Abend
einzuladen,

ARBEITEN IST EINE WONNE,
TRETET BEI ZUR PUTZKOLONNE.

LESR
CIDIDIO KÖN
CLOB
ARM
PASTA

100

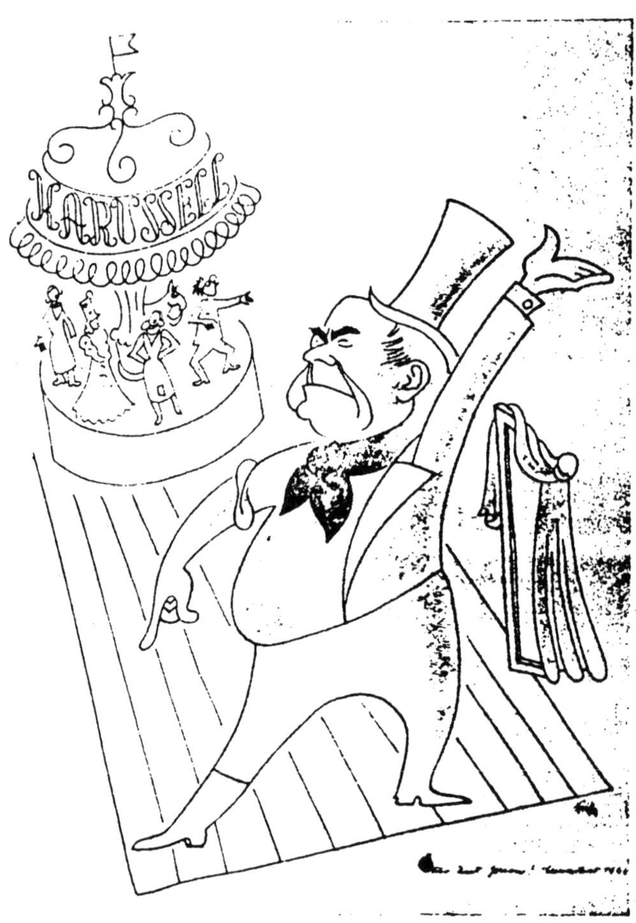

Quelle: Lavierte Federzeichnung mit Tusche. Rechts unten signiert: **Fritta.** Widmung: **Für Ku**
Gerron! Theresienstadt 1944. Unveröffentlicht. Photo Sammlung **A.**

Erklärungen: Das von Gerron (s. 228) in T betriebene Kabarett (s. 170) hieß „Karussell

101

3.3.4. *Oper und Persiflage im KZ*

In diesem Abschnitt werden zwei Werke – stellvertretend für ähnliche – näher vorgestellt. Auch sie zeigen beispielhaft, wie die Künstler freiheitliche Gedanken ausdrückten und Kritik am blutigen Regime übten. Zugleich wird erneut erkennbar, daß Widerstand nicht nur an eine Kunstform des Theatralischen gebunden war.

Der Wiener Viktor Ullmann (1898 – 1944),[103] ein Schüler Arnold Schönbergs, war Orchesterleiter der Staatsoper von Prag. 1942 wurde er nach Theresienstadt deportiert. Ein Jahr darauf vollendete er seine Oper «Der Kaiser von Atlantis oder Der Tod dankt ab».[104]

Peter Kien, Graphiker, Musiker und Dichter (1919 – 1944), verfaßte dazu das Libretto.

Ullmann fand die geeigneten Sänger im Getto selbst; denn dort waren berühmte Opernkünstler aus ganz Europa inhaftiert.

Die Rollen der Oper wurden besetzt mit Marion Podolier (Mädchen), Hilde Aronson-Lindt (Trommler), David Grünfeld (Pierrot / Soldat), Walter Windholz (Kaiser) und Karel Berman (Tod).[105]

Die Proben begannen Anfang 1944. Als die Deutschen den Text lasen und feststellten, daß er viele negative Anspielungen auf Hitler enthielt, verboten sie die Aufführung. Ullmann und Kien wurden nach Auschwitz transportiert und vergast.

Dr. Hans G. Adler,[106] ebenfalls Häftling in Theresienstadt, verdanken wir die Rettung eines großen Teiles des Werkes, für dessen Verbreitung erst sehr viel später Mosche Hoch in Israel sorgte. Er stellte die Oper am 18. März 1982 dem Publikum in Tel Aviv vor.

Das Musikdrama, das in vier Bilder aufgeteilt ist, versetzt den Zuschauer ins imaginäre Reich Atlantis, in dem die Menschen unterdrückt werden und in dem Krieg herrscht. Selbst der Spaßmacher Pierrot ist nicht mehr imstande, sie zum Lachen zu bringen. Er bittet deshalb den Tod, ihn von der Last des Lebens und der Verzweiflung zu erlösen. Der jedoch weigert sich und klagt, seine eigene Macht sei geschwunden, da nunmehr die Menschen durch Panzerwagen stürben.

Overall (= Überall – vermutlich nach Hitlers häufigem Ausspruch «Deutschland über alles!» benannt) ist Kaiser von Atlantis. Er hat den Weltkrieg erklärt.

Der Tod entschließt sich, in den Streik zu treten, um niemanden mehr sterben zu lassen.

Diese Nachricht ereilt den Herrscher von überall her: aus belagerten Städten, Krankenhäusern und Hinrichtungsplätzen.

Overall, zeit seines Lebens von anderen Menschen isoliert durch hohe Mauern, hat nur Kontakt zu ihnen mittels Telefon oder Radio. Ein schwarz verhängter Spiegel verhindert Selbsterkenntnis. Dennoch erkennt der Kaiser allmählich, daß er ein Monster, eine Rechenmaschine Gottes ist. Er reißt das Tuch vom Spiegel und sieht sich dem Tod gegenüber, der dem Herrscher inneren Frieden anbietet. Overall bittet ihn, seine Arbeit wieder aufzunehmen. Der Tod erklärt sich dazu bereit unter der Bedingung, daß Overall selbst sein erstes Opfer wird. Widerwillig stimmt der Kaiser zu. Er folgt dem Tod durch den Spiegel und erfährt: Tod bringt denen Ruhe, die unerträglich leiden müssen. Die Oper endet mit den Worten:

> «Komm, Tod, du unser werter Gast,
> nimm von uns Lebens Leid und Last;
> in unser's Herzens Kammer
> führ' uns zur Rast nach Schmerz und Jammer.
> Lehr' uns des Lebens Lust und Not
> in unsern Brüdern ehren.
> Du sollst den großen Namen Tod
> nicht eitel beschwören.»[107]

Das Sterben meint hier also nicht das Böse, sondern das Ende alles Bösen.

Es ist anzunehmen, daß Ullmann zu dieser Thematik durch die Lebensbedingungen im Getto inspiriert wurde. Kurz vor seinem eigenen Tode schrieb er: «... *Es muß unterstrichen werden ..., die Tatsache ... war ..., daß unser Wille zur Kultur absolut konform war mit unserem Lebenswillen ...*»[108]

Das zweite Beispiel – in seiner Art total konträr dem anderen – war ebenfalls ein hoher Beweis für den Wagemut der Häftlinge. Es hatte vor nunmehr dreiundfünfzig Jahren seine Premiere (13. Juni 1943).

Inhaftierte des Lagers Dachau erbaten bei Obersturmbannführer Weiß, der ein «Theaterenthusiast»[110] war, die Erlaubnis zum Spiel in ihrer Freizeit. Er stimmte zu. Damit begannen die Aktivitäten zu der Spektakel-Aufführung.

«Die Blutnacht auf Schloß Schreckenstein
oder
Ritter Adolars Brautfahrt und ihr grausiges Ende
oder
Die wahre Liebe ist das nicht» –
ein komisch-schauriges Ritterstück in 3 Aufzügen (s. a. «Programm»).

DER KAISER VON ATLANTIS

ODER

DER TOD DANKT AB

THE EMPEROR OF ATLANTIS

OR

DEATH ABDICATES

A Legend in Four Scenes

by

Viktor Ullmann

[109], ff.

63

DER KAISER VON ATLANTIS

oder

DER TOD DANKT AB

(The Emperor of Atlantis or Death Abdicates)

A Legend in Four Scenes

Music by *Viktor Ullmann*
Edition and piano reduction by *Kerry Woodward*

Libretto by *Peter Kien*
English by *Aaron Kramer*

Duration 50 minutes

DRAMATIS PERSONAE			ORCHESTRA (14 PLAYERS)
Emperor Overall	*Baritone*		Flute/Piccolo
Death	*Bass*		Oboe
Pierrot	*Tenor*		Clarinet in B-flat
The Loudspeaker	*Bass*		Alto saxaphone
The Drummer	*Mezzo-soprano*		Trumpet
A Soldier*	*Tenor*		Percussion (2 players) cymbals, side drum, triangle, tamtam
A Girl	*Soprano*		Banjo
2 Female Dancers			Harpsichord , piano , harmonium
			Violin I
			Violin II
			Viola
			Cello
			Double bass

* These parts were originally intended for 1 performer

BACKGROUND TO THE OPERA

Der Kaiser von Atlantis was written for performance in Theresienstadt, the concentration camp in northern Czechoslovakia, and completed there in 1944. The opera was rehearsed but its performance was prohibited, probably because of its anti-Hitler anti-war theme, and Ullmann was sent to Auschwitz where he perished. The only score was thought to have perished with him and has only recently come to light in London. *Viktor Ullmann* (1898-1944) was a pupil of Schoenberg in Vienna and later became a theatre conductor in Prague. He has among his works two operas, two string quartets, a piano concerto, five piano sonatas and several song cycles. *Peter Kien*, the librettist, was primarily a painter and architect. He too perished in Auschwitz. The roles were written specifically for some of the outstanding talents of Europe who were in Theresienstadt at that time, including Marion Podolier (Girl), Hilde Aronson-Lindt (Drummer), David Grunfeld (Pierrot and Soldier), Walter Windholz (Emperor) and Karel Berman (Death).

CONTENTS

SYNOPSIS

I. In a world where love and wine have been replaced by wickedness and blood, Pierrot is no longer able to make people laugh. He begs Death to rescue him from the boredom and despair of life. Death refuses, and in turn complains about the new times: his splendid old pageantry has been superseded by tanks.

Overall, the Emperor of Atlantis, proclaims universal war. He patronizingly refers to the great past of his "old ally" Death as compared with his own great future. Death retaliates by breaking his sword: henceforth no one shall die.

II. From various locations — a besieged city, a place of execution, and a hospital — news reaches the Emperor that no-one is able to die. Realizing that his own position is in jeopardy, and determined to keep his subjects' loyalty, he publicly misrepresents Death's rebellion. He calls it a gift of eternal life for the deserving.

III. The Emperor's authority is disintegrating. A soldier and a girl, belonging to enemy camps, accidentally meet. The Drummer exhorts them to fight and die. Instead, they embrace.

IV. Insurrection spreads. All his life the Emperor has surrounded himself with formidable walls. He has had no human contact except via telephone. A black drape over his mirror has shielded him from self knowledge. And he has reckoned the war-dead only in terms of the phosphorus their bodies will produce. Now he begins to recognize himself as a monster, God's adding machine.

Ripping the drape from his mirror, he finds Death facing him. Death offers him rest. The Emperor begs him to return to work but Death will do so only if Overall becomes his first victim. The Emperor agrees, but reluctantly. He regrets not having first succeeded in wiping out the human race. As Death leads him away through the mirror, he hears the moral of the tale: Death brings rest to those whose sufferings are unbearable. Let us learn to respect the joy and pain which life holds for our brethren, and let us not take the mighty name of Death in vain.

EDITORIAL COMMENTS. This edition has been prepared from the full score (MS) and two versions of the text (one MS, one typed). There were many alterations, cuts and illegible sections (heavy pencil markings in controversial areas of text suggest possible censorship). It has been attempted to retain those alterations which appear to have been made for artistic reasons, and restore those which seemed forced upon the authors by their circumstances. Material that appears in only one of the sources is included in square brackets thus [   ].

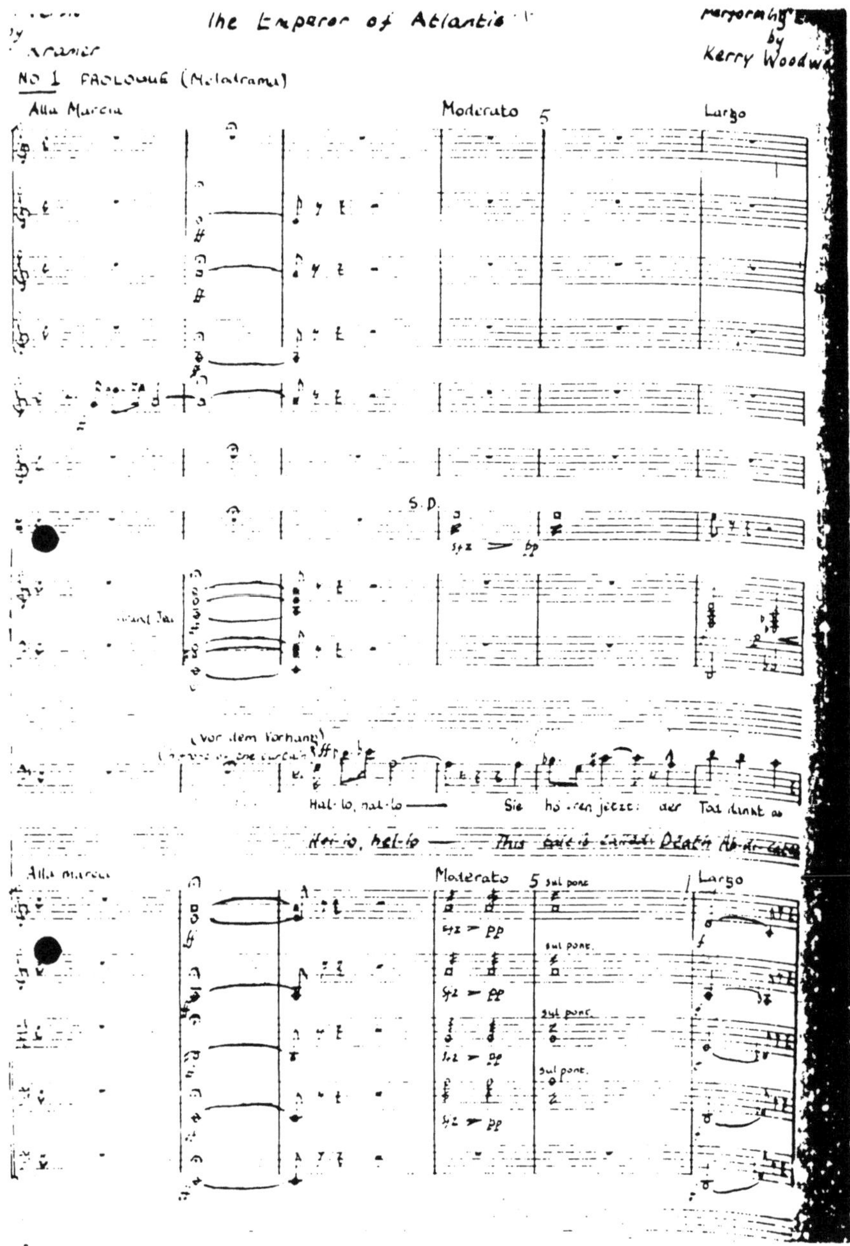
The Emperor of Atlantis
performing by
Kerry Woodw[ard]
NO 1 PROLOGUE (Melodrama)
Alla Marcia
Moderato 5
Largo
S.D.
(vor dem Vorhang)
Hal-lo, hal-lo — Sie hö-ren jetzt der Tod dirist so
Hal-lo, hal-lo — This one is called Death
Alla marcia
Moderato 5 sul pont
Largo
sul pont.
sul pont.
sul pont.
sul pont.

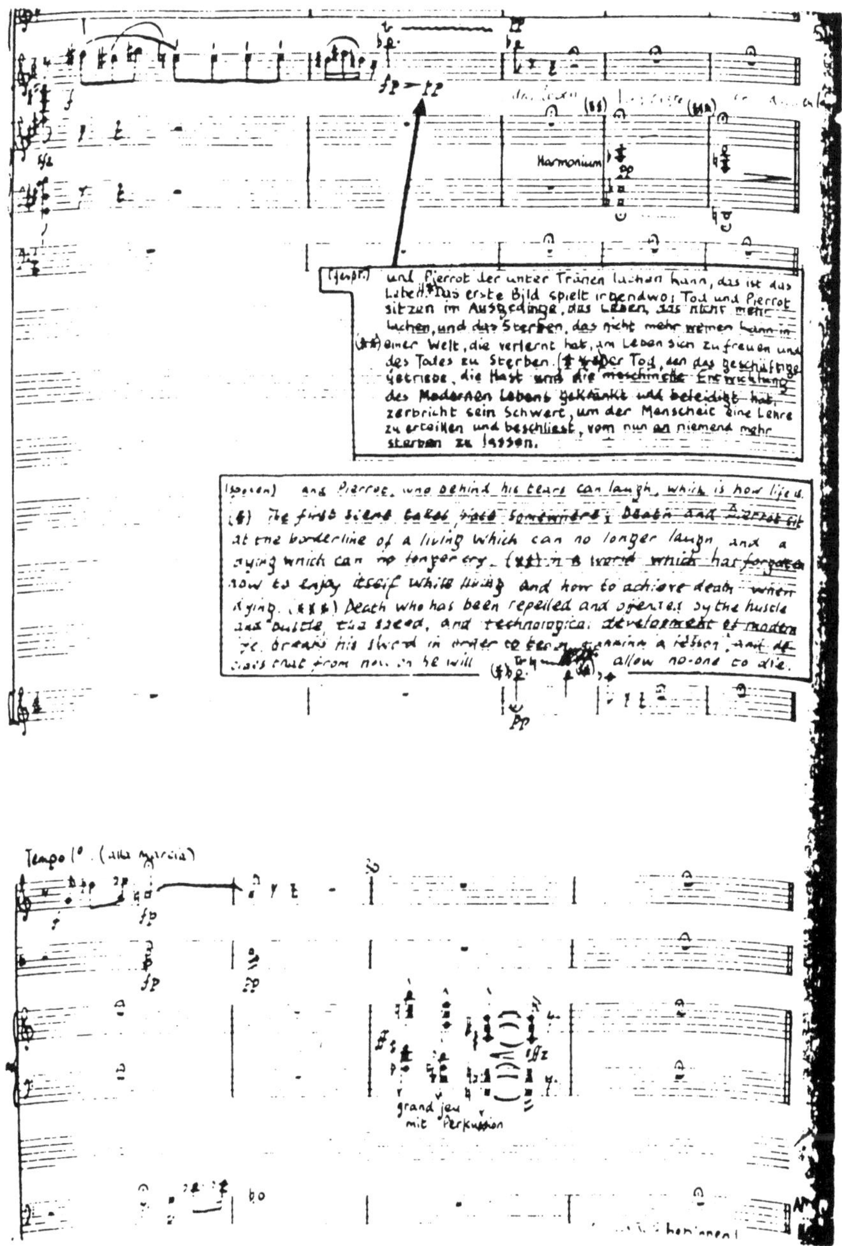

(gespr.) und Pierrot der unter Tränen lachen kann, das ist das Leben. Das erste Bild spielt irgendwo; Tod und Pierrot sitzen im Ausgedinge, das Leben, das nicht mehr lachen, und das Sterben, das nicht mehr weinen kann in einer Welt, die verlernt hat, am Leben sich zu freuen und des Todes zu sterben. Der Tod, den das geschäftige Getriebe, die Hast und die maschinelle Entwicklung des Modernen Lebens gekränkt und beleidigt hat, zerbricht sein Schwert, um der Menscheit eine Lehre zu erteilen und beschliest, vom nun an niemend mehr sterben zu lassen.

(spoken) and Pierrot, who behind his tears can laugh, which is how life is. The first scene takes place somewhere; Death and Pierrot sit at the borderline of a living which can no longer laugh, and a dying which can no longer cry. In a word which has forgotten now to enjoy itself while living and how to achieve death when dying. Death who has been repelled and offended by the hustle and bustle, the speed, and technological development of modern life breaks his sword in order to teach mankind a lesson, and decides that from now on he will allow no-one to die.

Harmonium

Tempo I° (alla marcia)

grand jeu mit Perkussion

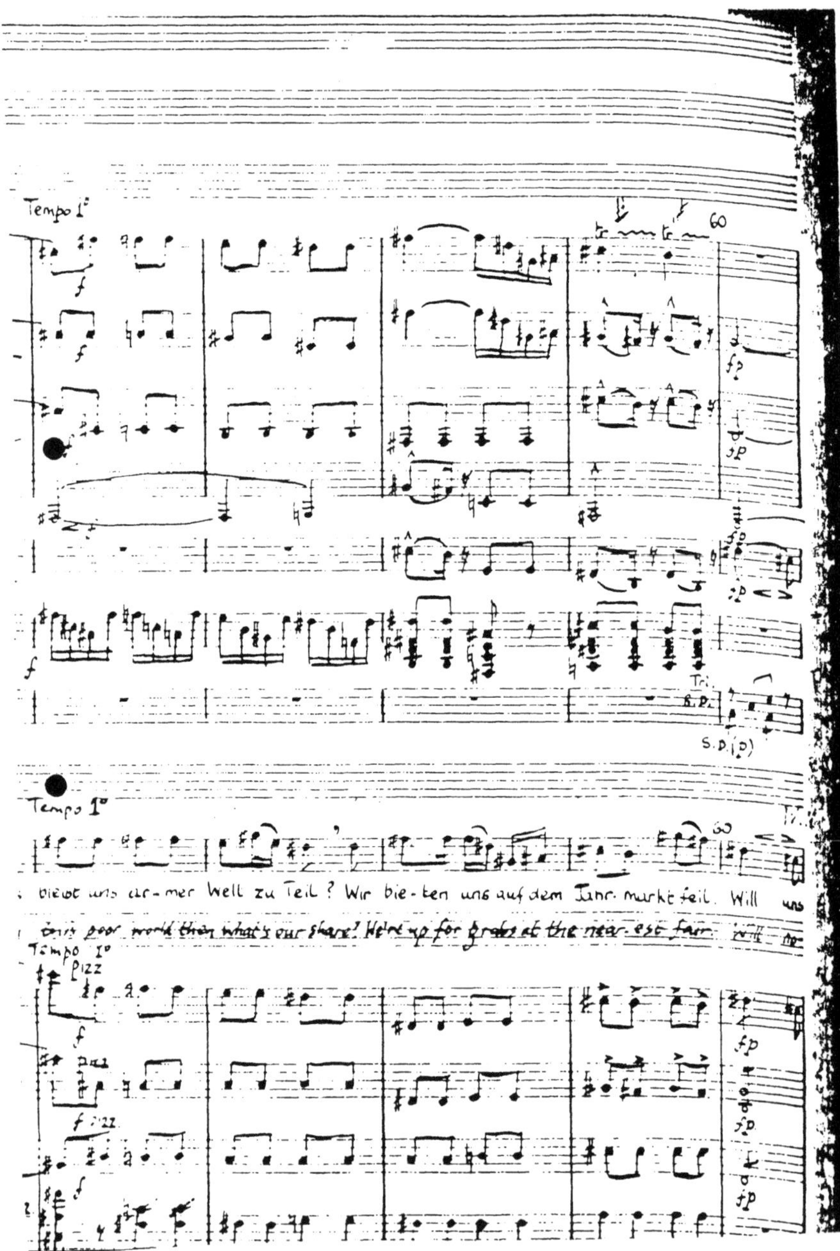

Tempo I
60
Tempo I
bleibt uns ar-mer Welt zu Teil? Wir bie-ten uns auf dem Jahr-markt feil. Will
this poor world then what's our share? He're up for grabs at the near-est fair.
Tempo I
pizz

68

Autor dieses Grusicals war der Wiener Dr. Rudolf Kalmar. Er hatte
es lange vor seiner Inhaftierung verfaßt. Erwin Geschonneck, der u. a.
in dem Fernsehfilm «Levins Mühle» (nach dem Roman von Johannes
Bobrowski) mitwirkte (WDR Köln, III. Programm, 28. Februar 1983),
sagte während des Interviews mit der Verfasserin folgendes: «... *der
Rudolf hat sich an den Text erinnert und ihn nachts heimlich auf
Packpapier niedergeschrieben. Es war ein Stück, wie es damals im alten
Österreich häufig gespielt wurde ...*»[111]

Kalmar selbst vermerkte dazu: «... *Ich habe auf der Rückseite ausge-
musterter Drucksorten in einer überfüllten Baracke des Konzentra-
tionslagers Dachau geschrieben. Aus Erinnerungsfetzen von längst Ver-
gessenem zusammengekleistert. Den vorhandenen Möglichkeiten, den
verfügbaren Darstellern und ihrer persönlichen Eigenart angepaßt
...*»[112]

Da nichts «Anrüchiges» an der «Moritat» auszusetzen war, gab der von
den Nazis eingesetzte Schulungsleiter, der die Freizeitgestaltung der
Häftlinge zu überwachen hatte, seine Einwilligung zur Aufführung.

Drei Monate lang, jeden Abend nach Arbeitsschluß, wurde geprobt.
Neben Geschonneck weilte auch Gustav Wittmayer vom Wiener
Burgtheater im Lager. Er spielte gleichzeitig zwei Rollen, während
sein Kollege die Regie führte und die Hauptrolle übernahm. Alle
übrigen Parts wurden von Laiendarstellern gespielt.

«... *Die Kostüme und Gegenstände für das Bühnenbild – diese Dinge
wurden größtenteils ‹organisiert›; illegal aus den SS-Baracken gebracht
von Häftlingen, die dort tätig waren. Dieses Stück ist wohl einzigartig
in der KZ-Geschichte. Denn aufgeführt wurde es dort im Freigelände.
Die SS war auch eingeladen. Sie hatte es ja gestattet. Natürlich durfte
sie nicht erfahren, woher die Sachen stammten ...*»[114] führte Geschonneck im o. a. Interview weiter aus; und an einer anderen Stelle erwähnte
er: «... *auf dem ‹Kleinen Appellplatz› vor der Desinfektionsbaracke, in
der unmittelbaren Nachbarschaft mit der Gaskammer und dem Krematorium, war das Freilichttheater ... Ein Lustspiel, aufgeführt in der
Gesellschaft des Todes. Und in der Loge saßen die Henker ...*»[115]

Dann war es endlich soweit.

«*Zu Beginn trat Gustav Wittmayer als Sprecher auf, kündigte das
Stück in mittelalterlich verbrämter Redeweise an und rollte das R in
erschütternder Weise. Immer wenn vom Ritter Adolar die Rede war,
machte er eine scheinbar unbeabsichtigte Pause zwischen dem Ado-
und dem -lar und pustete dan stotternd das F hinein ...*»[116]

Eröffnung des Freilichttheaters Dachau am 13. Juni 1943.
===

U r a u f f ü h r u n g !

D i e   B l u t n a c h t   a u f   d e m   S c h r e c k e n s t e i n
===

oder

"Ritter Adolars Brautfahrt und ihr grausiges Ende"

oder

"Die wahre Liebe ist das nicht"
Ein komisch-schauriges Ritterstück in 3 Aufzügen mit Musik von

Rudolf   K a l m a r

P e r s o n e n :

Der Sprecher..	Gustav Wittmayer
Adolar,Graf v. Schreckenstein...................	Erwin Geschonneck
Rosalia,geborene Mrkwitschkowa,Schloßgespenst....	Alois Schneider
Anneliese,ein Liebe suchendes Burgfräulein........	Gustav Wittmayer
Heinrich von Lämmermann,deren Bräutigam...........	Willy Horst
Leopold,Knappe und Hausmeister auf Schreckenstein	Gustl Eberle
Winibald v.Wilmersdorf, 1. Ritter................	Hans Quäck
Fridolin v.Feuerbach, 2. Ritter..................	Karl Schwendemann
Max v.Hütteldorf und Heiligenstadt,2er Linie,3.Ritter	Hans Hertl
Der stumme Büsser, ein Türke......................	Josef Bartounek

REGIE: Erwin G e s c h o n n e k.

Bühnenbilder:	Hans Quäck	Requisiteure:	Munozar und Bixa
Kostüme:	Toni Hofer	Am Flügel:	Rudolf Kalmar
Inspizient:	Karl Hirschmann	Bläser:	Marian Gradinski

Technische Mitarbeiter:
Max Wich, Rupert Schober, Heinrich Ringelstetter, Josef Drindel, Willi
Visintainer, Aniokiewicz und Haydacz.

G e s a m t l e i t u n g :
=================================

Vikor   M a t e j k a

Legende:

Der 1. Akt spielt: In der Halle auf Schloß Schreckenstein.
Der 2. Akt spielt: In einem Walde bei Schreckenstein.
Der 3. Akt spielt: In der Schlafkemenate auf Schreckenstein.

—o—o—o—o—o—o—o—o—o—o—o

113

Es ist wichtig, die Reaktionen, die das Spiel hervorrief, kurz zu skizzieren.

Geschonneck, einer der Hauptbeteiligten, wie ausgeführt wurde, meinte dazu: «... *Das Publikum hatte seinen Spaß an der Sache. Selbst die slowenischen, polnischen und französischen Häftlinge schienen es zu verstehen ... Es brachte die Häftlinge und die SS zum Lachen. Nur lachte das Publikum aus unterschiedlichen Gründen. Die Häftlinge wußten zum größten Teil, worum es ging, erkannten die Anspielungen. Die meisten SS-Leute merkten nicht den tieferen Sinn des Stückes und nicht die parodistische Interpretation. Sie waren stumpfsinnig und nur an grobe Späße gewöhnt, die sie mit uns trieben ... Ein anderer Teil der SS bemerkte zwar etwas, hielt es aber für unwahrscheinlich, hier offen verulkt zu werden. Die Intelligenten unter ihnen verstanden die Parodie, hielten aber den Mund. Sie erkannten langsam die aussichtslose Lage des Deutschen Reiches und versuchten, sich langsam Freunde unter den Häftlingen zu machen ...*»[117]

Für das illegale Lagerkomitee und für alle, die das Stück als Zuschauer miterlebt hatten, nicht ausgenommen die Schauspieler, galt das, was bereits an anderer Stelle dieser Arbeit zum Ausdruck gebracht wurde: Theater als Forum des Widerstandes stärkte die Moral, verhinderte den inneren Zusammenbruch, schuf Hoffnung.

Noch einmal ein Zitat von Geschonneck: «*Wir haben etwas getan, was den Kameraden Kraft gab. Wir haben die Nazis lächerlich gemacht.*»[118]

Und Lächerlichkeit tötet!

Vielleicht paßt an den Schluß dieser Ausführungen der Aphorismus von Erich Brock: «*Ironie ist eine homöopathische Arznei. Je feiner, unmerklicher die Dosierung, desto größer die Wirkung.*»[119]

3.4. Theater im KZ als Stätte der Unterhaltung?

Amüsement, Heiterkeit, Unterhaltung, im Zusammenhang mit KZ gesehen, muten bizzar oder gar pervers an. In diesem Kapitel soll nun geklärt werden, daß Menschen in Extremsituationen dennoch genügend Anlässe suchten und fanden, ihr *Recht* auf Unterhaltung zu beanspruchen.

Dem spontanen Urbedürfnis nach Tanz, Spiel, Rhythmik, heiterer Musik, Klamauk, Narretei wird in der Form künstlerischer Unterhaltung Rechnung getragen. Sie bietet Ablenkung von den Gegebenheiten des mühevollen Alltags und eine lustvolle Entspannung.

Die Parallelität zum spirituellen Widerstand (Kap. 3.2.) liegt darin begründet, daß in beiden Fällen eine Abkehr von der augenscheinlichen Realität stattfindet. Aber wenn es auch Sinn der Unterhaltung zu sein scheint, Alltag beiseite zu schieben, so liegt der Unterschied zu ersterem darin: Niemand braucht zu befürchten, seinen inneren Halt zu verlieren oder gar seine geistige Gesundheit einzubüßen.

Anders gesagt: Man wollte sich auch im KZ amüsieren, so seltsam das klingt!

Eine Textstelle Kitty Harts belegt das: «... *Leben in unserem Block begann in der Nacht nach der Lagerruhe ..., dann folgte Unterhaltung ... Dann waren dort Ungarinnen, die sehr schön tanzen konnten; sie machten sich fein mit Lumpen; und bei jeder Gelegenheit führten sie ein vollendetes Ballett auf. Dort waren auch viele begabte Schriftstellerinnen, die ihre Gedichte vortrugen. Komische Szenen waren sehr beliebt ... Alles in allem war die Stimmung sehr gut; und wir scherzten und lachten, als hätten wir keine Sorgen in der Welt ...*»[120] Nava Shan drückt das ähnlich aus: «... *die Tätigkeit, welche spontan begonnen hat in den Sälen, in welche die Leute zusammen gewohnt haben – und durstig auf eine Tätigkeit waren, etwas zu hören oder durstig waren, sich ein bißchen zu amüsieren ...*»[121]

Einleuchtender als diese Aussagen ist eine Schilderung der Ärztin Lucie Adelsberger über eine Sonntagsvorstellung im Lager Auschwitz:

«Sonntag im Lager

Das Zigeunerlager war in Aufruhr. Zur Feier des Sonntags war eine Extravorstellung angesetzt. Der große freie Platz zwischen dem Waschraum und dem Kindergarten diente als Festwiese. Wie es sich für einen Kinderspielplatz gehört, hatte er ein Schaukelkarussell, allerhand Turngeräte, Ringe, Barren und einen Holzzaun ohne Stacheldraht. Dort begann um 5 Uhr die Vorstellung. Das ganze Lager, etwa 16.000 Menschen allein im Zigeunerlager, war versammelt. Die Zuschauer drängelten außen am Zaun im Stehparkett, die Artisten standen startbereit im Halbkreis in der Arena neben dem Block. Vor diesem, auf einem improvisierten Podium, paradierte die Musik, fünf Zigeuner mit Violinen – die Zigeuner hatten die Musikinstrumente mitsamt ihrem Gepäck behalten – und einer mit einem Holzbein bei einer Zieharmonika, spielten sie voll Hingabe ihre schmelzenden, erotischen Melodien, mit dem Unterton von Sehnsucht und Zerrissenheit; jene einschmeichelnden Weisen, aus denen man spürt, wie das Volk liebt und lebt, frei und ungebunden und triebhaft wie die Tiere des Waldes, noch mit einer letzten dunklen Ahnung um ihre Urheimat Indien. Zum Takt schwangen sich dann die Männer an den Barren und Ringen, türmten sich zu hohen Säulen, kreisten im Wirbel und warfen sich als Bälle, nicht mehr als Häftlinge, nur noch Vollblutartisten mit ihrer Liebe zum Fach. Nicht einmal der Clown fehlte, diese echte Theaterfigur, die mit geschminkter Maske und mit aufgelegtem Grinsen das wahre menschliche Gesicht verdeckte. Die Zuschauer machten noch mehr Theater; die Menge am Zaun jauchzte, johlte, sang und tanzte im Takt mit. Man muß Zigeuner als Publikum gesehen haben. Das geht mit, nicht im Applaus, sondern mit dem ganzen Körper, mit jedem Muskel. Schon die Kinder werden auf Artistik und auf Tanz dressiert, und der erste Saiten- strich der Violine oder das Schüttern der Harmonika bringt die kleinsten Gören in Schwung. Arme, Beine, Kopf, alles wird durcheinandergeworfen, und alles springt. Varieté im Lager, zu beiden Seiten des Holzzaunes. Zigeu- nersonntag! Plötzlich ein Pfiff, ein Kommando, und das Spiel reißt mittendrin ab. ‹Blocksperre› ist der Befehl, das heißt, alles sofort in ihre Baracken getrieben, nicht mit Musik, sondern mit Knüppeln und Stöcken und Hieben. Platz und Lagerstraße liegen menschenverlassen da ...»[122]

Welch ein entsetzlicher Kontrast! Aber genau das war die inhumane Wirklichkeit der Lager.

Es ist nötig, einen Sprung zu machen.
Schon die Themenwahl der Stücke,[123] die aufgeführt wurden, beweist, daß Theater nicht nur als «Stätte der Politik» etc. angesehen wurde. Die Liste umfaßte Burlesken ebenso wie hochkarätige Theaterliteratur. Für französische Frauen wurden in Ravensbrück z. B. in einer Baracke die Operette «Das weiße Röss'l» mit Ballett und eine Revue mit Chor, Rezitationen, kleinen Szenen in 24 Stunden auf die Beine gestellt und vorgeführt.[124]

Über Sachsenhausen berichtet Arnold Weiß-Rüthel: «... *Gelegent-lich sorgten stattfindende Theateraufführungen ... für unsere Ablen-kung ... In der geräumigen Trockenbaracke der Wäscherei hatte sich ein Theater etabliert. Szenen aus ‹Faust› wurden unter der Leitung Edgar Bennerts, dem ehemaligen Mitglied des Düsseldorfer Schauspiel-hauses, aufgeführt. Gerhard Hauptmanns ‹Biberpelz› gelangte zu einer einzigartigen, trefflichen Darstellung. Eine von jungen talentvollen Norwegern gebildete Schauspielergruppe spielte Szenen aus ‹Peer Gynt›, und die Franzosen lieferten eine temperamentvolle Aufführung der Sonettszenen aus ‹Le Misanthrope› von Molière.*»[125]

In Theresienstadt wurden eine russische Komödie, ein jiddisches Stück «Die goldene Kette» (Regie: Irena Dodolovás), von Franz Langer

«Das Kamel geht durch das Nadelöhr» (Regie: Nava Shan), das Melodrama «Die geliebte Stimme» von Jean Cocteau und viele konzertante Aufführungen mit Klavierbegleitung, darunter die Opern «Der Troubadour», «Die Zauberflöte», «Der Kuß», «Figaros Hochzeit» und «Carmen» gespielt.[126]

Der Unterhaltung dienten sowohl bekannte wie im Lager verfaßte Werke. Darüber gibt folgender Bericht Aufschluß:

«... Also im Jahre 1943 zum Beispiel haben wir gehört, es gibt eine Theatervorstellung – eine Operette – ‹Ghetto-Mädel›. Also ein Mann, welcher als Ghettowache gearbeitet hat, hat eine Operette geschrieben, im Stil einer Wiener Operette, so wie ‹Ade, mein kleiner Gardeoffizier› usw. Solche Vorstellungen waren zehn, zwanzig – ich weiß nicht genau – aber viele ... Man konnte machen, was man wollte – und man wollte sich amüsieren an diesen Abenden ...»[127]

An die Vorstellungen der «Drei-Groschen-Oper» des Kabarett-Ensembles «Karussell» mit Kurt Gerron (siehe S. 58), unter der musikalischen Leitung von Martin Rohmann, und der Werke von Arthur Schnitzler, Tschechow, Gogol und besonders an eine sehr schöne Aufführung mit Wolfgang Lederer am Harmonium erinnert Thomas Mantl sich.[128]

Eine *«erfolgreiche Veranstaltung harmloser Natur war eine Aufführung von Shakespeare's ‹Was ihr wollt›, die am 30. Juni 1944 in der Kantine von Buchenwald stattfand ...»*;[129] und ebenso gut liefen Szenen von Nestroy ab, die in Dachau gespielt wurden.

Ehemalige Häftlinge vergaßen später häufig die Titel der Dramen, aber keineswegs die Namen der Stückeschreiber.

Nicht allein für die Unterhaltung der Erwachsenen wurde gut gesorgt. Die Künstler bemühten sich auch darum, den Kindern ein notwendiges Maß an Amüsement zu verschaffen. Sie vermischten es allerdings mit erzieherischen Absichten, eingedenk der Tatsache, daß spielerisch und freudvoll Erlerntes besser haften bleibt.

«Auch wollten wir den Kindern», schreibt Nava Shan, *«eine Theatervorstellung bieten, da wir wußten, daß die große Mehrheit der in Theresienstadt inhaftierten Kinder noch nie im Leben in einem Theater gewesen war.»*[130]

Zum «Programm» gehörten das bereits erwähnte Kindersingspiel «Broućci» (Glühwürmchen), ein Märchen, die Oper «Bastien und Bastienne» von W. A. Mozart, Vorstellungen mit Marionetten und eine Kinderoper «Brundibár» (Brummbär). Sowohl «Glühwürmchen» als auch «Brundibár» wurden mit Kindern für Kinder gespielt.

74

Hans Krása, der Komponist, und Adolf Hoffmeister, der Librettist, hatten dieses Musikwerk vor ihrer Deportation nach Theresienstadt geschrieben.

Brundibár ist ein negativer Held, ein böser, alter Mann, Leierkastenspieler, der den Kindern in dem Bezirk, den er ausschließlich als sein Gebiet betrachtet, nicht erlauben will, um Geld zu singen.

Das Geschwisterpaar Pepiček und Aninka brauchen aber Geld, um für ihre kranke Mutter Milch kaufen zu können. Umsonst gibt ihnen niemand etwas. Da sie sehen, wie man dem Leierkastenmann Münzen zuwirft, tun sie es ihm in ihrer Weise nach und singen ein Lied, ein Lied vom Gänschen. Nicht nur, daß sie nichts bekommen, der böse Brundibár bedroht und jagt sie fort. Die Nacht bricht herein. Da werden die Tiere an den Plakatwänden lebendig und geben den Kindern gute Ratschläge. Viele Mädchen und Jungen sollen sich gegen den bösen Alten zusammentun. Die freundlichen Tiere helfen, Schülerinnen und Schüler von der nahen Schule herbeizurufen; und diese singen dann ein rührendes Wiegenlied. Nun regnet es Münzen von allen Seiten. Die Bettelmütze füllt sich. Da kommt der Leierkastenmann und stiehlt sie. Es folgt eine große Jagd; und der Bösewicht wird gefangen. Brundibár gibt sich geschlagen. Die Kinder haben gesiegt.

Die Oper endet mit den Worten:
> *«Jeder, der die Gerechtigkeit liebt*
> *und sie verteidigt*
> *und sie nicht fürchtet,*
> *ist unser Freund*
> *und darf mit uns spielen.»*[131]

Der Originaltext wurde seinerzeit geändert. Die Genehmigung des Autors konnte man nicht einholen, da er bereits im Ausland und in Sicherheit war.

Gewiß beharren wir oft genug darauf, Unheil nicht wahrzunehmen, Drohungen zu ignorieren. Das alte Spiel vom Vogel Strauß, der angeblich seinen Kopf in den Sand steckt, um sich aus der Gefahrenzone mittels eines magischen Tricks hinauszukatapultieren. Ähnlich verhalten sich Kinder oft, wenn sie die Hände vor's Gesicht schlagen und dann kühn behaupten: «Du siehst mich nicht mehr!»

Aber darin in bezug auf das Leben im KZ nur magische Weltsicht zu vermuten, scheint unrichtig zu sein. Dahinter steckt sicherlich auch jene Zuversicht, wie sie uns Menschen durch die Religionen vermittelt wird: Leben besitzt nicht nur eine diesseitige Dimension; und es hört nicht auf zu funktionieren, weil der Tod einen Einschnitt setzt.

Es ist deshalb folgerichtig, diesem Aspekt in einem weiteren Kapitel nachzugehen.

3.5. Theater im KZ als Stätte des Glaubens und der Religion?

An dieser Stelle soll ein anderer wichtiger Gesichtspunkt des Theaterlebens im KZ durchleuchtet werden, der der Religiosität.

Allen Grausamkeiten zum Trotze, verloren viele Häftlinge keineswegs ihre Erwartungen auf eine menschenwürdigere Zukunft. Dieses Vertrauen, selbst im größten Leid, wurzelte für sie in einem tiefen Glauben an Gott. Ein solches Verbundensein mit dem Schöpfer bereitete ihnen ein Terrain des inneren Unbefangenseins und der Geborgenheit.

Wie gravierend religiöse Tradition und Erziehung sein können, läßt sich an einem Bericht des Schriftstellers Elie Wiesel nachweisen.

Er, der als Kind tiefgläubig war, verlor im KZ Auschwitz seine ganze Familie. Wiesel war zu jenem Zeitpunkt etwa vierzehn Jahre alt. Durch die Ermordung seiner Angehörigen warf er seinen Glauben, wie so viele seiner Leidensgenossen, über Bord. Dennoch ließ er sich am Jom Kippur (Versöhnungstag, höchster Feiertag der Juden) dazu bewegen, mit seinen ehemaligen Glaubensbrüdern zu beten und zu fasten![132]

Obwohl diese Erzählung nicht unmittelbar zum Thema der Arbeit gehört, macht sie dennoch transparent, welche Bedeutung die Religion im KZ besaß.

Priester und Rabbiner hielten geheime Gottesdienste ab und begingen mit ihren Gläubigen religiöse Feiertage. Das Religiöse besaß einen besonders hohen Stellenwert für Menschen in jener Lage. Aus ihm bezogen sie eine derart tragende Kraft, so daß sie befähigt und ermutigt waren, der schlimmsten Not Herr zu werden.

Viele Menschen, meist Erzieher, besannen und bedienten sich einer anderen Art der «Seelsorge» – des Theaters! Die Jüdin Hanna Lévy-Haas bemühte sich in Bergen-Belsen beispielsweise um das geistig-psychische Wohl der Kinder.

«Man hat beschlossen, im ganzen Lager die Samstage für Kinderfeste zu verwenden, die meist religiösen Charakter haben sollen ..., das sie

erheitert; aber wir passen es der allgemeinen Mentalität unserer Leute an: Rezitationen, Solo- und Chorgesang, kleine Theatervorstellungen ...»[133]

Biblisch tradierte Aufführungen wie auch nur unterhaltend scheinende Theateraktivitäten, vorbereitet für jüdische Festtage, wurden im holländischen KZ Westerbork von Erziehern, Eltern und Kindern begeistert verwirklicht.

In diesem Lager, das zunächst Durchgangsstation deutscher, später auch der holländischen Juden war, setzten sich Leo Blumenson und Salo Karlebach (Lehrer) für die religiöse Erziehung der Jüngeren ein. Sie gründeten Gruppen (Bund genannt) und bemühten sich mit allen Kräften um die Vermittlung jüdischen Wissens an Jugendliche und Kinder.

«... Und andererseits gab es viele assimilierte (Eltern), die einen großen Segen darin sahen, daß ein bißchen Religion ist ...»[134] ergänzte Blumenson an einer Stelle seinen Bericht und zeigte so, daß die Tradition bei manchem eine größere Rolle spielte als der Glaubensinhalt.

In ihrem alltäglichen Unterricht setzten sich Kinder darstellerisch im Rollenspiel mit biblischer Thematik auseinander. Ähnlich wie es heute oft im Religionsunterricht der Schulen praktiziert wird.

In der Chronik (1941)[135] liest man bei H. W. Meyer, Ruth Pozner u. a. nach: *«... In der Gerichtsverhandlung handelte es sich um die Frage: Jakob oder Esau? Leo war Gerichtsvollzieher, Ruth und Regina Beisitzer, den Jakob stellte Sonni vor, Sigi den Esau, Fritz den Isaak, und Rebekka stellte Hannelore vor. Esau klagte Jakob an und beschuldigte ihn des Vergehens, den Segen, der für ihn bestimmt war, genommen zu haben. Jeder von uns hatte ein Chumasch vor sich und konnte im Chumasch die Verhandlung verfolgen und kontrollieren. Auf Grund des Textes konnten wir als Zeugen auftreten. Natürlich entwickelte sich eine Diskussion, durch die die verschiedenen Meinungen klar wurden, ohne daß Leo eine Entscheidung fällte. Sigi verteidigte den Esau so gut, daß die meisten meinten, er habe recht ...»*[136]

Anderes Thema eines Theaterstücks, aufgeführt von den Kindern und Jugendlichen zum Chanukkah (jüdisches Neujahrsfest) im Jahre 1943 / 44, waren Bilder aus der Geschichte Sauls und Davids.

Liest man die Chronik, die jugendliche Häftlinge aus dem Lager Westerbork selbst geschrieben haben, so erinnern die Texte und die Beschreibungen eher an einen *normalen, gefahrlosen* Alltag als an Vorkommnisse in den Vorzimmern des Todes. Obwohl – und das

darf nicht unerwähnt bleiben! – von Westerbork jeden Montag und
Freitag Transporte in Vernichtungslager des Ostens gingen.[137]

Es mutet seltsam an, daß diese (durch Theaterspiel vermittelte) Be-
sinnung auf Kult, Religion, Gott eine Ebene schuf, die es Menschen
ermöglichte, *normal* zu denken, zu handeln, sich zu freuen, zu begeistern, zu leben und *nicht* zu verzweifeln!

Andere Aufführungen scheinen diese Feststellung zu untermauern.

Die Kinder beschrieben in ihrer Chronik auch weitere Theaterspiele,
die zwar keinen unmittelbaren religiösen Inhalt besaßen, aber für das
Fest Purim (Erinnerung an das Buch Esther; Kinder verkleiden sich
an diesem Feiertag) bestimmt waren.

Mädchen aus der Gruppe Chawerot führten das selbst verfaßte
Stück «Die Apfeldiebe» oder «Fritzchens Traum» auf.

Letzteres *«war der Höhepunkt des Nachmittags. Es handelte von
einigen lustigen und ernsten Begebenheiten, die sich in drei Jahren des
Bestehens des Lagers ereignet hatten ...»*[138]

Zum Sukkotfest (Laubhütten- / Erntedankfest der Juden) gestalteten die Mädchen und Jungen die Feier ähnlich wie das Purimfest:
*«... Rabbiner Levinsohn hatte freundlicherweise Kuchen zu dieser Feier
gestiftet. Eine Bühne war aufgebaut; denn Gruppe Chawerim, unter
bühnentechnischer Leitung von Margret Feingold, sollte verschiedene
Stücke aufführen ... die Schauspieler lachten mehr als die Zuschauer.
Aber das machte nichts. ‹Juste› und ‹Großmütterchen› – beide machten
ihre Sache ausgezeichnet ... Es war eine erstklassige Stimmung unter
uns ...»*[139]

Zu dem von Salo Karlebach[140] verfaßten Stück für ein anderes Purimfest liest man auch nichts über Angst und Tod, Mißhandlungen
etc., sondern nur von dem Lampenfieber der «Schauspieler». Sie fürch-
teten, daß ihre Aufführung mißlingen könnte.

*«... In der folgenden Zeit waren viele Proben, wovon die meisten
gar nicht gut waren. Man konnte schon aufhören zu hoffen, daß es
noch etwas geben werde ... Um acht Uhr begann die Feier ... In der
Zwischenzeit wurden wir geschminkt. Daß alle sehr aufgeregt waren,
kann man sich wohl vorstellen. Aber nicht nur wir, sondern auch Salo
und Leo waren es. Unser Stück kam als letztes, direkt nach der Pause,
an die Reihe und dauerte im ganzen über eine Stunde ... Endlich war
es soweit ... Sämtliche Mitwirkenden waren blauweiß gekleidet, und
das trug auch zu dem schönen, natürlichen Gesamtbild bei. Es ist noch
zu erwähnen, daß das Stück gegen alle Erwartungen gut geklappt hat*

und unseren Eltern und den anderen Zuschauern gut gefiel. Am Schluß
bedankte sich Dr. Wachtel bei Gemeinde und Bund für den schönen
Abend, und jedes Kind, das mitgespielt hatte, bekam ein kleines Geschenk ...»[141]

Welche Erleichterung und welcher Stolz sprechen aus diesem Artikel, ein Stolz von Menschen, die der inneren Sicherheit ihres Glaubens,
ihres Lebenssinnes und ihrer Würde nicht beraubt waren.

Blumenson formulierte es so:

*«Kinder müssen etwas haben, wofür sie sich begeistern können. Ju-
gend ohne Ideal ist keine Jugend.*

*Sie müssen ein Ziel haben, dem sie nachstreben, eine Hoffnung, für
die sie leben. Dieses Ideal muß im Mittelpunkt der Jugenderziehung
stehen, ihm muß alles dienstbar gemacht werden, damit es ein Zentrum
hat und damit den Jugendlichen der seelische Ruhepunkt gewährt wird
... Es gibt eine Kraft, die den Menschen in der Stunde der Versuchung
davor hütet, Unrecht zu begehen; es gibt eine Kraft, die den Menschen
in der Stunde der Erniedrigung und Not davor hütet, vor ihr zusam-
menzubrechen – und das ist die menschliche Würde ...*

*Wir müssen unseren Kindern sagen, was Juden sind, was das Juden-
tum der Welt gebracht hat, welche sittlichen Werte es die Menschheit
gelehrt hat. Wir müssen ihnen zeigen, welche Schönheit und Reinheit
das Judentum dem täglichen Leben verleihen kann.*

*Wir müssen ihnen die Liebe und den Stolz auf ihr Volk und auf
ihre Religion ins Herz senken, damit sie gegen alle Unbill des Lebens
gefeit sind ...*

*Jugendbewegtheit, Übung und Stählung des Geistes und des Körpers,
eine richtige Mischung von Frohsinn und Ernst, von Romantik und
Wirklichkeit, Liebe zur Natur und zu den Menschen, Liebe zum jüdischen Volke und Stolz auf seine Ideen-Welt – das sind die Ziele, die
wir uns gesteckt haben.*

*Die Mittel, die wir dazu verwenden, sind Ihnen bekannt ... In diesen
Heimatabenden werden Lieder gesungen, Geschichten erzählt, ... gespielt usw.*

*Ab und zu veranstalten wir besondere Zusammenkünfte: An den
Feiertagen, an den Freitagabenden, um die Gelegenheit zu nutzen, bei
solchen Feiern den Gemeinschaftssinn zu fördern und die Schönheit
des jüdischen Kalender-Jahres zu unterstreichen ...»[142]*

Diese Einstellung, die hier in so emphatischer Weise widerspiegelt,
was ein gläubiger Jude wünschte, läßt sich mühelos auch auf andere

Religionsgemeinschaften, die in der Ausnahmesituation der KZ-Lager standen, übertragen.

Pars pro toto!

Für den jüdischen Bereich ist noch anzumerken, daß in ihm sämtliche Strömungen zusammenflossen, da Religion und Geschichte dieses Volkes untrennbar auch mit allen sonstigen elementaren Lebensäußerungen, mit Nationalstolz, linearem historischen Bewußtsein, politischen Überzeugungen, traditionellen Bräuchen und Sitten, Eßgewohnheiten, Sozialverhalten u. a., verbunden waren und verbunden bleiben. Infolgedessen mußten auch die theatralischen Vorstellungen von allem etwas enthalten.

«Trösten ist eine schwere Kunst, nur wer
aus Überwindung kommt, kann sie.»

Dante

«Wir heißen euch hoffen!»

Goethe

3.6. Zusammenfassende Überlegungen

Theater im KZ war – wie vorgestellt wurde – eine Plattform, auf der Glaubensbekenntnisse, geistiger Widerstand, nationale Gefühle, politische Überzeugungen, humanitäre Hilfen, pädagogische Thesen ihren zwar differenzierten, aber unmißverständlichen Ausdruck fanden.

Sie diente Künstlern, Erziehern, Theologen und Politikern, die aus den unterschiedlichsten Sprach-, Denk- und Kulturlandschaften stammten, dazu, ein gemeinsames Ziel anzustreben: Freiheit und Recht wiederzugewinnen!

Mit allen Formen und Arten des Theaters setzten sich Menschen im KZ auseinander.

Künstler und Initiatoren stellten sich in den Dienst für ihre Leidensgenossinnen und -genossen. Sie wollten ihnen Trost spenden und Mut machen. So wurden sie zu Botschaftern der Hoffnung auf das Ende eines Alptraumes.

Was das Theater grundsätzlich an Trostreserven und Hoffnungsschimmern für die Inhaftierten bereithielt, kann an folgendem Vorgang abgelesen werden.

«Ein kleines Beispiel ..., was einmal während unserer Aufführungen geschah, wird besser als jede lange Erklärung zeigen, was ich meine.

80

Man spielte die ‹Heirat› von Gogol. Plötzlich gab es Alarm, ein Ost-transport wurde einberufen, gerade in der Pause nach dem ersten Akt. Niemand von den Schauspielern oder vom Publikum wußte, ob ihn bei seiner Rückkehr ins Quartier nicht der Einberufungszettel zur Fahrt in den Tod erwartete. Wir wollten die Vorstellung unterbrechen, aber das Publikum ließ das nicht zu. Die Zuschauer opferten volle zwei Stunden einer unersetzlichen, einer höchst kostbaren Zeit, in der sie sich von ihren Freunden verabschieden und die notwendigsten Hab-seligkeiten hätten packen können, nur um noch einmal, zum letztenmal in ihrem Leben, eine Theateraufführung zu sehen.»[143]

Wenn man sich bewußt macht, daß bereits eine übliche Vorstellung solche Ergebnisse zeitigte, um wieviel mehr müssen sich dann wohl Betroffene mit rituellen Vorgängen identifiziert haben? Wie einschneidend und essentiell Not wendend haben Weihnachts-, Oster-, Purim- oder Pessachfeiern gewirkt? Welche Spuren hinterließen Spiele, in denen religiöse Geschichte aufleuchtete? Selbstverständlich läßt sich das auch übertragen auf jene Bereiche, in denen andere Überzeugungen als theologische und religiöse vertreten wurden.

Es ist wohl davon auszugehen, daß die Ursachen für ein derartiges Verhalten sowohl im rationalen als auch im emotionalen Sektor der KZ-Häftlinge lagen.

Ebenso bewiesen die Theaterinitiatoren und -künstler durch ihre variierten und variablen Aktivitäten, daß die theatertheoretische «Erb-schaft» (Kap. 3.1.) für sie eine unverrückbare Gültigkeit besaß, daß sie sie in die Praxis umzusetzen vermochten, obwohl alle Gründe dagegen zu sprechen schienen. Nicht nur die Gründe, sondern auch die von den Machthabern herbeigeführten Einschränkungen, die so-wohl physisch als auch psychisch zum Tragen kamen.

Dennoch Theater!

Das beweist, daß es Grundwerte und Grundhaltungen von Menschen zu stützen vermag. Diese elementaren Überzeugungen sind anderer-seits so tief in uns verankert, daß sie weder durch bewußte Akte des Willens noch durch äußere Einflüsse einer bestialisierten Umwelt total zu eliminieren sind.

Wenn es je einer Rechtfertigung für das «Spiel des Menschen» be-durft hätte, dann wäre sie im KZ gegeben worden. Unwiderruflich!

«... *Wir zauberten uns eine bunte Welt,*
aus Fetzen zumeist –
Wir haben gezimmert und nächtelang
spät
mit eisklammen Fingern Kostüme genäht –
Ihr wißt nicht, was das heißt! ...
Wir haben in eiskalten Nächten geprobt,
halb verhungert zumeist –
Wir haben getanzt und gesungen,
geweint und gelacht
und Tausenden Lebensmut gebracht:
Ihr wißt nicht, was das heißt!
Wir haben die Hungernden aufgewühlt
in Seele und Geist –
Haben selbst alle Schmerzen der
Menschen gefühlt,
aber: Wir haben Theater
gespielt!
Denkt mal nach – was das heißt ...»
Heini Walfisch (Theater in Gurs)[144]

4. Initiatoren und Ausführende von Theaterarbeit im KZ

Wer und was waren all jene Inhaftierten, die in den Lagern Theater
ermöglichten? Daß es sich keineswegs um perverse, schizophrene oder
sonstwie geartete kranke Zeitgenossen handelte, sondern um Menschen mit sprühenden, mitreißenden und lebensbejahenden Ideen und
Vorhaben, wurde bereits im Kapitel 3 klar ausgedrückt.

Es erstaunt, nicht nur eine gewohnte Theaterlandschaft in der Ab-
normität der KZ anzutreffen, sondern auch jene Leute, die innerhalb
der Institution Theater immer schon gearbeitet hatten.

Daß dies nicht so absonderlich ist, wie es den Anschein besitzt,
wird später nachgewiesen werden.

Die Mitwirkenden und Initiatoren des hier beschriebenen künstlerischen Wirkens rekrutierten sich aus drei verschiedenen Gruppen. Es
sind zu nennen:

    a) die Berufskünstler

    b) die Eleven und Theateranfänger,

    c) die theaterinteressierten Amateure.

4.1. Berufskünstler

Unter diesem Stichwort sind alle Theaterleute zusammengefaßt, die ihr Metier bereits vor der Internierung hauptberuflich ausübten: Schauspieler, Regisseure, Dekorateure, Dramatiker, Theaterdirektoren etc.

Für sie wurde das Lager ein Forum des Theaters und eine Stätte der Berufsausübung. Weiter oben wurde bereits gesagt, daß dies nicht so verwunderlich ist, wie es scheint. Hält man sich vor Augen, daß viele Häftlinge aus anderen Arbeitsbereichen (technische Zeichner, Beamte, Lehrer, Friseure, Köche ...) sich darum bemühten, ihren Beruf im Lager, so weit es von der SS gestattet wurde und möglich war, in irgendeiner Form nachzugehen, dann leuchtet der Wunsch, auch weiterhin Theater zu spielen, durchaus ein.

Der Beruf stellte häufig das letzte und einzige Verbindungsglied zwischen dem KZ und dem früheren Leben dar. Die ehemals erlernte und sinngebende Tätigkeit stand oft der sinnlosen Beschäftigung gegenüber (Steineklopfen u. a.). Somit erfuhr die Berufsausübung einen neuen Wert. Beruf und Arbeit, um es anders auszudrücken, wurden Sinn, Zweck, Engagement und «Ber*uf*ung» innerhalb eines sinn-, zwecklosen, grausamen, unver*antwort*lichen Lagerdaseins.

Fast in allen KZn arbeiteten Berufskünstler, je nach ihren Kräften.

In Dachau waren es z. B. die Schauspieler E. Geschonneck, Gustav Wittmayer; in Auschwitz II die Schauspielerin und Dramaturgin Charlotte Delbo; in Gurs Peter Pan; in Ravensbrück Fanny Marette; in Sachsenhausen Edgar Bennerts; in Buchenwald der Dramenschriftsteller Bruno Apitz (er wurde nach 1945 Leiter der Städtischen Bühnen Leipzig); in Theresienstadt der Schauspieler und Regisseur Kurt Gerron, der vormals im Prager National-Theater schaffende Bühnen-Dekorateur und Maler František Zelenka, die Solotänzerin Kamilla Rosenbaum, der ehemalige Theaterdirektor Karl Meinhard (der Marlene Dietrich zum Theater gebracht hatte!), der Schauspieler Gustav Schorsch (National-Theater in Prag) und die Schauspielerinnen Hanna Beck und Nava Shan.

Sie alle werden an dieser Stelle stellvertretend für viele genannt.

Einige Monate nach ihrer Deportation ins Getto Theresienstadt (Ende 1942) fand die Premiere einer Vorstellung statt, die Nava Shan inszeniert hatte (neben ihren ständigen Rezitationsabenden!). Über Gustav Schorsch, den w. o. e. Kollegen, den die Shan wegen seines künstlerischen Perfektionismus' und seiner Professionalität bewunderte, sagte sie in diesem Zusammenhang: «*... er hat selbst einen Theaterabend vorbereitet. Er ist eineinhalb Stunden auf der Bühne gestanden und deklamierte alles auswendig ... Erstens war er so ein Theatermensch. Außerdem hat er ... nach einer kurzen Zeit gespürt, wie wichtig es ist für ihn und auch für die Leute ... Hier auf einmal haben wir ein Theaterstück aufgeführt, welches auf einem Niveau eines professionellen Theaters gestanden ist ...*»[145]

Ein anderes Erlebnis, das Nava Shan mit dem deutschen Theaterdirektor Karl Meinhard hatte, macht noch deutlicher, was ausgesagt werden soll. Meinhard hatte zum Stück «Die geliebte Stimme» von Jean Cocteau, die von Nava Shan in deutscher Sprache aufgeführt worden war, eine Kritik geschrieben. Da sie den Kritiker nicht kannte, machte sie sich auf die Suche nach ihm.

«*... Und ich habe ihn wirklich gefunden. Er war beinahe achtzig. Er hat gearbeitet als – wir haben genannt Heiserdienst – wissen Sie – die Klosetts putzen. Er war der Schatten eines Mannes. Aber als er begonnen hat zu sprechen – er war nicht ein Mann, sondern ein Theaterdirektor. Als er begonnen hat, mit mir über Theater und Schauspielerinnen zu sprechen und über Liebe und ich weiß nicht, was alles, hat er überhaupt vergessen, wie er aussieht. Und es war der alte Bon-Vivant, welcher hier im Frack steht ... Er hat mit mir gesprochen als ein berühmter Theaterdirektor mit einer kleinen Schauspielerin – die zu ihm gekommen ist, ihn zu bitten, er soll ihr Arbeit geben. Es war hochinteressant ... es war eine der schönsten Episoden in Theresienstadt ...*»[146]

Diese Begegnung zeigt, daß viele Künstler von einem unwiderstehlichen inneren Drang getrieben wurden, der sie zwang, ihre Arbeit fortzusetzen, selbst unter den für uns unvorstellbaren Bedingungen im KZ.

Die in Frankreich lebende Dichterin und Regisseurin Liliane Atlan versuchte, das Phänomen so zu erklären: «*Nehmen Sie z. B. Ariane Mnouchkine, Peter Brook und sperren Sie sie ein, unter denselben Bedingungen wie die Künstler damals. Wenn die beiden sich dann von dem ersten lähmenden Schock erholt haben, so garantiere ich Ihnen, werden sie genauso anfangen zu arbeiten. Denn das ist ja ihr Leben und der Sinn ihres Lebens ...*»[147]

4.2. Schauspielschüler

Der Begriff Schauspielschüler meint jene Frauen und Männer, die ihre schon begonnene künstlerische Ausbildung in den Lagern fortführten.

Zum einen begaben sie sich unter die Leitung ausgebildeter Berufskräfte, zum anderen mußten sie sich ihr fehlendes «Handwerkszeug» selbst aneignen.

Gleichgültig jedoch, ob sie «Eleven» oder nur Autodidakten waren: sie setzten sofort mit ihrer praktischen Tätigkeit ein und rezitierten Gedichte, produzierten Stücke, bildeten sich in seminarähnlichen Übungszentren, bei abendlichen Gesprächen oder Proben von Dramen weiter. So entstand zum Beispiel das «Studio» (eine für uns heute fast selbstverständliche Einrichtung!), geleitet von Gustav Schorsch.

Die Schauspielschüler und der Regisseur trafen sich an den Abenden in einem Barackenraum.

«... Gustav hatte begonnen, mit den Schauspielern wirklich zu arbeiten, was man im wahrsten Sinne des Wortes nennt, auf der Rolle zu arbeiten, mit den kleinsten Kleinigkeiten. In dem Moment, wo ein Problem war oder eine Frage, hat man begonnen, darüber zu sprechen und diskutieren – und so ist ein richtiges Studio entstanden – wie man heute liest über das Studio von Stanislawski ...»[148]

Schorsch übte also offensichtlich mit seinen Schülerinnen und Schülern dergestalt, wie es der Beruf erforderte; aber darüber hinaus mußten die Stücke während der Proben auch eingepaukt werden, da es für die Mitwirkenden unmöglich war, tagsüber oder in ihren Unterkünften zu lernen. Schließlich hatten alle harte körperliche Arbeit zu verrichten.

Daß für die Anfänger Theater im KZ Stätte der Berufsausbildung war, zeigen folgende Beispiele:

Nava Shan hatte in Theresienstadt zum ersten Mal die Gelegenheit, Regie zu erlernen und auszuüben.[149]

Ein Schüler, dessen Name mit Zeilein angegeben wurde, spielte die erste große Rolle seines Lebens in einer russischen Komödie. Nava Shan, der wohl die ausführlichste Berichterstattung über die theatralische Tätigkeit im KZ zu verdanken ist, führt dazu aus: *«... Er (Gustav Schorsch ist gemeint! Anm. der Verf.) hat von ihm nicht einen Schauspieler gemacht, sondern er hat ihn dazu gebracht, zu spüren, daß er wirklich ein guter Schauspieler ist.»*[150]

Die Ausbildung, wie sie von Anfängern in vielen Lagern, besonders aber in Theresienstadt erlebt wurde, hätte ihnen unter anderen Umständen eventuell keine andere dramatische Schule bieten können, «... weil», so wiederum Nava Shan, «*die Intensität der Arbeit und die wirkliche Liebe, welche ohne Rechnungen war und ohne Geld und ohne alles, hat sie wirklich zu dem richtigen Theater gebracht. Alle, die am Leben geblieben sind ..., alle sind heute im Theater tätig, ... Regisseure, ... Theaterdirektoren und Schauspieler ...*»[151]

4.3. Theaterinteressierte Amateure

Damit sind die Inhaftierten gemeint, die vor ihrer Deportation kaum unmittelbaren Kontakt zum Theater besaßen, aber deren Interesse und Liebe zum Thespiskarren im Lager entweder geweckt wurde oder direkte Befriedigung fand.

Natürlich handelte es sich oft genug um junge Leute, die gerne hatten Schauspieler werden wollen, deren Wünsche aber zunächst von den Umständen des Krieges, des Milieus und der Erziehung und durch die Verhaftung nicht erfüllt wurden.

Ein junger Mann wandte sich im Getto Theresienstadt an Nava Shan und bat sie, ihm Unterricht zu erteilen: «*... ich habe über dich gehört, daß du eine Schauspielerin bist – ich will ein Schauspieler sein, und ich habe nie Gelegenheit dazu gehabt zu lernen. Willst du meine Lehrerin sein? ... Du weißt mehr über Theater als ich. Und ich will lernen zu rezitieren ...*»[152]

So begann Nava Shan mit Putia Fischel die Balladen des François Villon zu proben. Er bezahlte sie dafür mit einigen Gurken. Heute lebt er unter dem Namen Gabriel Dagan als Schauspieler in Amerika.

Jana Šédová, die so stark vom Kabarett Karel Švenks beeindruckt worden war (1942), beschloß – obwohl sie bis zu diesem Zeitpunkt in ihrem Leben niemals ein Kabarett gesehen hatte –, eines zu gründen. Unter ihrer Leitung entstand das erste Frauenkabarett in Theresienstadt.[153]

Eine nahezu hübsch anmutende Anekdote liefert uns Norbert Frýd über einen tschechischen Rechtsanwalt.

Der Jurist, in Theresienstadt inhaftiert, hatte immer Marionettenspieler werden wollen. Ironischerweise erfüllte Hitler indirekt seinen glühenden Wunsch.

Der Anwalt gründete für ein Kinderheim im Getto ein hervorragendes Puppentheater. Er stürzte sich besessen in seine neue Arbeit und blieb dabei, selbst als ihm das Kriegsende die Rückkehr zum ehemaligen bürgerlichen Beruf ermöglichte. Er wurde auf dem Gebiet des Marionettenspiels ein versierter Fachmann und lehrte seine Kunst sogar als Universitätsdozent. Seine Arbeit genießt inzwischen weltweit Ansehen.[154]

Die hier getrennt aufgeführten Gruppierungen bildeten in den Lagern selbstverständlich geschlossene Spielgemeinschaften, deren Ziele und Ideen entweder parallel liefen oder sich doch anglichen.

Ein anderes Moment, das zu beachten ist, soll nicht unerwähnt bleiben. Damals wie heute waren und sind Regisseure an neuen und «unverbrauchten» Gesichtern interessiert. Sie suchen und fahndeten nach Schülerinnen und Schülern, die bereit waren und sind, sich den Vorstellungen, Forderungen und Wünschen ihrer Lehrer anzupassen.

Ein weiterer Aspekt ist der, daß in anderen Lagern (Theresienstadt bildete in diesem Falle die große Ausnahme!), z. B. Dachau, Börgermoor, Auschwitz etc., nicht so viele Berufsschauspieler interniert waren, wie man benötigte, um einen ordentlichen Theaterbetrieb aufzuziehen. So war man darauf angewiesen, mit Laien und Anfängern zu arbeiten.

Das hatte natürlich auch Vorteile, da sich Enthusiasten oft genug als Antriebsmotoren enthüllten, die mit Verve und Talent, Improvisationslust und Spiellaune die anfänglichen Schwächen ihrer Tätigkeit durch Elan überdeckten und andere mitzogen, die eventuell in Resignation verharrt hätten.

Die Impulse, die durch Begeisterung ausgelöst wurden und sich mischten mit Routine, großem Können, Fleiß und Überzeugungskraft, konnten somit weitergegeben und übermittelt werden. Das alte Spiel: Wirft jemand einen Stein ins Wasser, so zieht er Kreise ...

5. Die Voraussetzungen, Theaterspiel im KZ zu ermöglichen

Die Künstler im KZ erfuhren innerhalb der Jahre 1933 – 45 die unterschiedlichsten Phasen, von denen ihre Theaterarbeit stark beeinflußt wurde. Um überhaupt spielen zu können, mußten sie sich den vorhandenen Gegebenheiten geschickt anpassen: Sie waren mehr oder minder abhängig von Launen ihrer Herren, von übersichtlichen oder unübersichtlichen Geländeformen der Lager, von verborgenen Plätzen also, von der Zuverlässigkeit ihrer Mitgefangenen oder auch vom eigenen körperlichen und seelischen Streß. Mitunter hingen ihre Aktionen und Aktivitäten auch von der allgemeinen kriegspolitischen Weltlage ab. Die Reaktionen des Auslands auf Vorgänge innerhalb des Deutschen Reiches ließen dann und wann eine Lockerung der starren und harten Verordnungen zu. Aber ebenso plötzlich, wie das eintrat, geschah es auch, daß die Bonzen des NS-Staates verschärfte Maßnahmen befahlen.

So schwankte denn die «Institution Theater» in den KZn ständig zwischen Extremen, so daß zu sprechen ist von:
– illegalem Theater,

88

– geduldetem Theater,
– legalem (gefordertem) Theater!

An dieser Stelle beschränken wir uns kurz auf zwei Formen, nämlich auf das illegale und legale Theaterspiel.

5.1. Illegales Theater

Die Schilderungen vorhergehender Kapitel machten bereits mehrfach deutlich, daß – bis auf wenige Ausnahmen! – theatralische Aktivitäten der Häftlinge offiziell verboten waren. Das galt allgemein bis zum Jahre 1943. Die Lagerkommandanturen waren noch zu diesem Zeitpunkt gebunden an die Weisung, daß keinerlei kulturelles Leben im KZ zuzulassen sei.

Im Warschauer Getto ging man sogar noch weiter. So war es beispielsweise schon 1939 untersagt, daß sich mehrere Personen in einem gesonderten Raum versammeln durften.[156] Mit dem Verbot der sogenannten Versammlungsfreiheit, die in unserer Bundesrepublik zu den verfassungsmäßigen Rechten gehört, hofften die Nazis, sämtliche geheimen Zusammenkünfte von vornherein unterbinden zu können. Sie spielten, wie alle ihre Gesinnungsgenossen im tyrannischen Geiste, großartig auf dem Instrument der Angst; und Angst war und ist schon immer ein psychologischer Hemmschuh gewesen, wenn es darum ging und geht, sich frei zu entfalten. Dennoch ließen sich die Häftlinge nicht einschüchtern, wie es ebenfalls hinlänglich bewiesen wurde. Es sei noch einmal auf das tschechische Theater in Theresienstadt verwiesen, das niemals aus seiner Illegalität heraustreten konnte und durfte. Seine Protagonisten waren immer gezwungen, sich geheim auf Dachböden und in Kellern zu treffen.

«... Wir kannten einer den anderen gut und wußten auch, für wen wir spielten. Die Tore der Kaserne waren bewacht: Es gehörte auch zu den Obliegenheiten des Gendamerie-Wachtpostens, laut ‹Deutscher Besuch› zu rufen. Die SS hatte sich diese Art der Meldung wahrscheinlich ausgedacht, um schon lange vor ihrer Ankunft das ganze Gefängnis in Angst und Schrecken zu versetzen. Sie ahnte nicht, daß sie dadurch gleichzeitig die Sicherheit des ersten illegalen Theaters von Theresienstadt gewährleistete ...»[157] Soweit Jana Sédová.

Auch das kam bereits einmal zur Sprache: Die Kommandanten billigten gelegentlich – um ihres eigenen Vergnügens willen –, von

Häftlingen initiierte Veranstaltungen, obwohl der Trend der NS-Regierung keinesfalls solche Ausnahmeregelung vorsah.

So balancierten die Künstler immerzu auf dem schmalen Grad zwischen Illegalität und Halblegalität, stets sich dessen bewußt, daß jeden Augenblick der Sturz in die Tiefe erfolgen konnte.

Da die Übergänge zwischen geduldetem und verbotenem Spiel aber gleichsam fließend und sozusagen im Halbdämmern wechselnder Situationen abliefen; wird hier darauf verzichtet, «halblegales Theater im KZ» gesondert zu untersuchen.

Es scheint auch unerheblich zu sein. Wesentlicher sind die Kontraste, die sich ergeben aus der späteren Forderung der SS, Kunst und Kultur nicht nur zuzulassen, sondern strikt zu verlangen.

5.2. Legales Theater

Was veranlaßte die SS, ihre gewohnte Haltung aufzugeben? Darüber läßt sich nur mutmaßen. Besinnt man sich auf frühere Vorgänge, dann wird ersichtlich, daß die Gründe schon in der menschlichen Natur liegen: Der Mensch liebt das Unterhaltsame! Auch Mörder machen dabei keine Ausnahme. Hat aber jemand Macht, «die Puppen tanzen zu lassen», dann wird er, schon um seines Prestiges willen, nicht darauf verzichten. Nicht nur in unserer Zeit kranken die Menschen an Profilneurosen. Um wieviel mehr «imagesüchtig» waren jene Kleinbürger, die, in Gewänder des Todes gekleidet, nur mit dem Finger zu schnippen brauchten, um ausgerechnet Leute hochintelligenten Zuschnitts dazu zu bringen, Theater zu gestalten. Da gehorchten Frauen und Männer, deren Beachtung sie vordem niemals errungen hätten.

Also konnte der Traum geträumt werden, den alle Untergebenen, Hintangestellten, Zuspätgekommenen immer wieder realisieren möchten: es jemandem zu zeigen!

Im Grunde war das begreiflich und läßt unter anderem den Schluß zu, daß hinter dem Machtgelüst der Wunsch nach Zerstreuung, Erheiterung, Flucht aus dem blutigen Alltag wach geblieben war. Nicht nur für Häftlinge galt die Ausnahmesituation. Auch die SS befand sich in einer solchen; und bei aller Befehlsgläubigkeit, bei aller Besessenheit, die das Regime erzeugt hatte, werden die Totenkopf-Leute gespürt haben, daß sie Unrecht taten. Also genehmigten sie die Veranstaltungen, forderten sie gar, um sich wenigstens den Anschein des Humanen zu geben und das Mäntelchen des Rechts umzuhängen.

Als die Freizeitgestaltung lagerweit gestattet wurde, nutzten viele Künstler das Angebot.

Ein weiteres Moment muß hinzugefügt werden. Die Gerüchte und die Nachrichten um einen bevorstehenden Zusammenbruch des Deutschen Reiches mehrten sich von Tag zu Tag. Die Anzeichen waren nicht zu übersehen für diejenigen, die sich einen wachen Blick bewahrt hatten. Das ermutigte natürlich Männer, wie den Schauspieler Erwin Geschonneck in Dachau z. B., ihre Aussichten positiver zu betrachten und entsprechend aktiv umzusetzen. Sie konnten ihre Hoffnungen den Kameraden nun «legal» vermitteln. Dank der neuen Order kam es vor (es wurde oben bereits erläutert), daß SS-Lagerleiter an die Künstler herantraten und ihnen befahlen, ein Programm aufzustellen, um der Lagerleitung ein angenehmes Maß an Entspannung zu bieten.

Für ihr eigenes Amüsement sorgten allerdings schon 1933 die SS-Leute im KZ Lichtenburg. Sie wandten sich an Wolfgang Langhoff, der dort nach seiner Haft in Börgermoor weilte. Man sagte ihm: *«Sie sind uns schon angekündigt worden. Wir warten auf Sie; wir brauchen Ihre Hilfe. Wir bereiten nämlich zu Weihnachten ein Festspiel in unserer Kirche vor; und Sie als Schauspieler können das vielleicht einstudieren. Das Festspiel ist von einem Häftling geschrieben worden. Gehen Sie nachher in die Bibliothek und lassen Sie sich das Manuskript geben.»*[158]

Langhoff machte aus seiner Abneigung keinen Hehl und erreichte, daß er dem Lagerleiter die Idee ausredete. *«Ferner fand sich auch verabredungsgemäß kein ‹Darsteller›, der in der Lage gewesen wäre, die ‹schwierigen Partien› zu übernehmen ...»*[159]

Worum es bei diesem geforderten «Kunststück» ging?

Vier Kommunisten sollten unter dem Weihnachtsbaum von zwei Nationalsozialisten bekehrt werden.[160]

Gipfel der Geschmacklosigkeit oder des Unverstands?

Ein anderes Mal trat der Kommandant des Lagers ebenfalls an Langhoff heran. Er betraute ihn mit der Einstudierung eines SS-Kameradschaftsabends.

Die Tagebuchaufzeichnungen des SS-Hauptsturmführers Prof. Dr. med. Kremer geben ebenfalls Aufschluß über das geforderte Kulturleben im KZ Auschwitz.

«*20. Sept. 1942*

Heute Sonntagnachmittag von 3 – 6 Uhr Konzert der Häftlingskapelle in herrlichem Sonnenschein angehört. Kapellmeister Dirigent der Warschauer Staatsoper. 80 Musiker, gabs Schweinebraten, abends gebackene Schleie.

27. Sept. 1942

Heute Sonntagnachmittag 16 – 20 Uhr, Kameradschaftsabend im Gemeinschaftshaus mit Abendessen, Freibier und Rauchwaren, Rede des Kommandanten Höß und musikalische sowie theatralische Darbietungen.»[161]

Die Lagerorchester galten fast überall als «Hätschelkinder» der Kommandanten. Sie dienten ihnen nicht nur dazu, «musisches Bedürfnis» zu stillen, sondern waren zugleich vorzeigbare Symbole ihres «Prestige-Bedarfs».

Es erstaunt nicht, zu erfahren, daß die Legalisierung der Freizeitgestaltung nicht allein aus Menschenfreundlichkeit zugelassen worden war. Immer noch galt es, Häftlinge zu unterdrücken und zu entwürdigen.

Ein Paradebeispiel dieser Inhumanisierungs-Kampagne schilderte Jana Šédová: «*Indessen bereitete man schon ein neues Kabarett vor, das viel anspruchsvoller war als seine beiden Vorgänger. Es übertraf sie durch seine unbegrenzte Phantasie und seinen Sinn für grotesken Humor. Die Regie übernahm die deutsche Kommandantur höchstselbst, und mitspielen mußte das ganze Getto. Eine Kommission des Internationalen Roten Kreuzes hatte geruht, das Lager zu besuchen und gnädigst eingewilligt, als Zuschauer zu fungieren. Einzelheiten dieser Galavorstellung sind hinreichend bekannt: ein Kurmusik-Pavillon, luxuriös ausgestattete Schaufenster, eine Bank, freudig erregte Gettobewohner in weißen Overalls, übersatte Kinder ... Die Nazis hatten einen hochentwickelten Sinn fürs Detail. Sie dachten an alles, das die Schaustellung eines angeblichen Wohllebens in Theresienstadt ergänzen und überzeugender machen konnte. Die Repräsentanten der Kultur durften dabei natürlich nicht fehlen.*

Der Befehl der Kommandantur, daß zu diesem Zweck eine Theatergruppe zu bilden sei, betraf selbstverständlich nur das deutsche Theater. Auf diese Weise bekam Theresienstadt seine offizielle Bühne. Die Stellung der dort tätigen Schauspieler war keineswegs beneidenswert. Sie mußten nicht nur vor der Kommission des Roten Kreuzes spielen, sondern hatten auch die unangenehme Pflicht, in dem Propagandafilm über das Getto-Paradies von Theresienstadt mitzuwirken ...»[162]

Gemeint ist hier der zweite Film, den das Reichspropagandaministerium unter der Leitung von Goebbels als Mittel gegen die angebliche Greuelpropaganda des Auslands verwendet wissen wollte.

Ende 1942 wurde bereits ein solches Projekt begonnen, das aber dann an der dilettantischen Arbeitsweise der Regisseurin Irena Dodalová scheiterte und in der Versenkung verschwand.

Zwei Jahre später betraute man den Regisseur und Darsteller vieler UFA-Filme, Kurt Gerron, als Fachmann mit den Aufnahmen des neuen Filmes «Der Führer schenkt den Juden eine Stadt!». Die «Dekoration» erinnerte an Potemkinsche Dörfer. Nur dort, wo die Kameraleute filmten, wurde das Getto zurechtgemacht: Gardinen an Fenster, Blumen, gekalkte oder gestrichene Barackenfronten!

Als Darsteller wurden allein «typisch aussehende Juden» zugelassen. Blondhaarige erhielten kein Engagement.[163]

Die seinerzeit vierzehnjährige Charlotte Veresáva aus Prag schrieb dazu in ihr Tagebuch: *«Die Deutschen wollen hier einen Film drehen, daher wenden sie alle möglichen Tricks an. Manchmal glauben wir, das ist ein Witz, und es ist ja auch wirklich komisch. Vor wem wollen sie mit uns protzen? Sind wir etwas, dessen sie sich brüsten können? Sie sollten sich schämen, aber wahrscheinlich wissen sie gar nicht, was das heißt. Die Gehsteige werden gerieben, und wo immer es ein Stückchen Erde gibt, werden Blumen gepflanzt. Erde ist auch auf den Hauptplatz gebracht worden, wo man einen Park angelegt hat. Aber niemand darf ihn betreten. Zu Mittag wird dort Musik gemacht. Es klingt schön, aber es befriedigt uns nicht, und trotz der Musik habe ich immer noch schreckliches Heimweh. Vielleicht jetzt sogar noch mehr.»*[164]

Einige Insassen[165] weigerten sich und erschienen nicht, wie befohlen, zu den Dreharbeiten. Andere wiederum erhofften sich davon eine Änderung ihrer Situation und eine empörte Reaktion der Bevölkerung im Deutschen Reich. Wie irrig eine solche Annahme war, vermochten viele der Eingekerkerten immer noch nicht einzusehen. Sie glaubten weiterhin daran, daß das deutsche Volk generell Abscheu vor Hitler habe. Selbsttäuschung ist natürlich auch eine Weise des Überleben-Wollens, wenn auch keine, die der Realität standhält.

Von einem Tage zum anderen hörte der «Filmspuk» auf. Die Kameraleute und der Aufnahmestab verschwanden, weil der «Film im Kasten» war.

Da die 60.000 Statisten nicht mehr benötigt wurden, dezimierte und liquidierte man die Einwohnerschaft des Gettos bis auf 12.000 Häftlinge.

Die Komparserie erhielt ihre Gage in den Gaskammern von Auschwitz![166]

Ein anderes exemplarisches Dokument verdanken wir der Französin Fania Fenélon, einer Chansonsängerin und ehemaligen Widerstandskämpferin. Sie wurde am 15. April 1945 zusammen mit anderen Gefangenen von Engländern aus dem Vernichtungslager in Bergen-Belsen befreit. Sie hatte überlebt, weil sie in einem «legalen Frauen-Mädchen-Orchester» gearbeitet hatte.

«Daniel Manns Film ‹Spiel um Zeit› über das Frauenorchester im Lager Auschwitz, an zwei Abenden im Fernsehen gezeigt, war ein Ereignis sondergleichen», heißt es in dem Artikel «Dokument und Spiel» der FAZ vom 12. März 1981 bezeichnenderweise über die Darstellung des Lebens der Fania Fenélon im KZ.

Es existiert auch noch die Aufzeichnung eines Interviews mit Frau Fenélon: «Wenn ich wieder ins Leben zurückkehre».

In der Sendung «aspekte – extra» – des ZDF vom 9. März 1981 wurde dieses Gespräch zwischen Karl-Heinz Meier und Fania Fenélon ausgestrahlt.

Darin wurde u. a. gesagt: *«Auschwitz bleibt und bleibt immer und für immer diese schwarzen, schrecklichen Tage. Am Tag denke ich nicht so viel; aber kommt die Nacht, da bin ich immer wieder in Auschwitz. Und sowieso, wenn man hat so was erlebt, das geht nicht weg. Dann kann man nicht vergessen. Wenn wir haben gespielt für die SS oder so, das war wie so wie eine Arbeit für uns. Das war unsere Arbeit: 17 Stunden am Tage; wir haben probiert, und dann plötzlich kam ein SS: ‹Ich will was hören von Franz Lehàr› oder von wem weiß ich, eine Operette oder Peter Kreuder oder sowas. Dann haben wir gezittert, weil wenn die Tür war auf oder einer von der SS kam, wir wußten nicht, ob er will Musik hören, oder er wird sagen: ‹Alle antreten zu ein andere Lager!› Und was war andere Lager? Das war Gaskammer ...»*

Es erscheint müßig, hier zu wiederholen, was der bereits genannte Film und das Interview plastischer, direkter und erschütternder ins Bewußtsein gerufen haben; und an dieser Stelle geht es lediglich um einen weiteren Beweis dafür, daß die sogenannte «Legalität des Theaters im KZ» (wobei selbstverständlich alle anderen Veranstaltungen des konzertanten oder des musikalischen Dramas mitgedacht werden müssen!) zwei Seiten besaß: Einerseits sorgte sie dafür, daß sich Häftlinge ungefährdeter als bisher ihrer künstlerischen Tätigkeit widmen konnten und durften.

Das gab inneren Auftrieb, stärkte die Moral, ließ auf Leben hoffen.

Andererseits diente die «legale Ausübung» von Kunst der SS dazu, eine günstige Publicity zu erwirken.

Alle totalitären Staats- und Regierungsformen sehen in den Arten künstlerischer Darstellung ein probates Mittel und ein vorzügliches Instrument, sich handfeste Alibis zu verschaffen, darzutun, daß durch eine scheinbar «notwendige Härte im Umgang mit Regimegegnern» dennoch nicht das Menschliche und das Kulturelle auf der Strecke bleiben.

Es muß nicht besonders betont werden, welch eine «Augenwischerei» und hinterhältige «Blauäugigkeit» diese Kaschierungsversuche enthalten.

Zugleich läßt sich damit auch sagen, daß niemand gefeit ist gegen die Vergewaltigung der Künste und Wissenschaften.

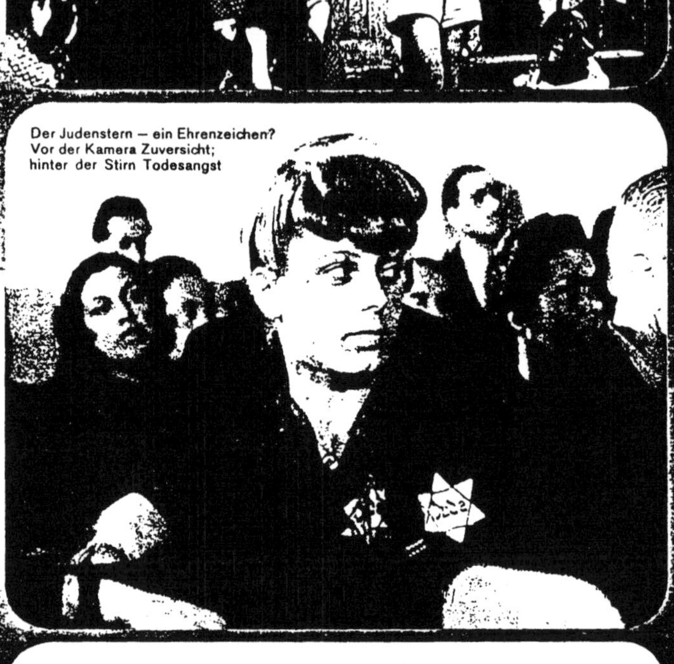

Der Judenstern — ein Ehrenzeichen?
Vor der Kamera Zuversicht;
hinter der Stirn Todesangst

DER FÜHRER
«SCHENKT DEN JUDEN»
EINE STADT

Die Erregung im Ausland über die Judenvernichtung
war zu groß geworden. Hitlers Propagandaminister Joseph Goebbels
entschloß sich im Sommer 1944, im KZ Theresienstadt
einen Propagandafilm über das Lagerleben der Juden drehen
zu lassen. STERN veröffentlicht Original-Aufnahmen
aus diesem Film, den man erst jetzt fand

167

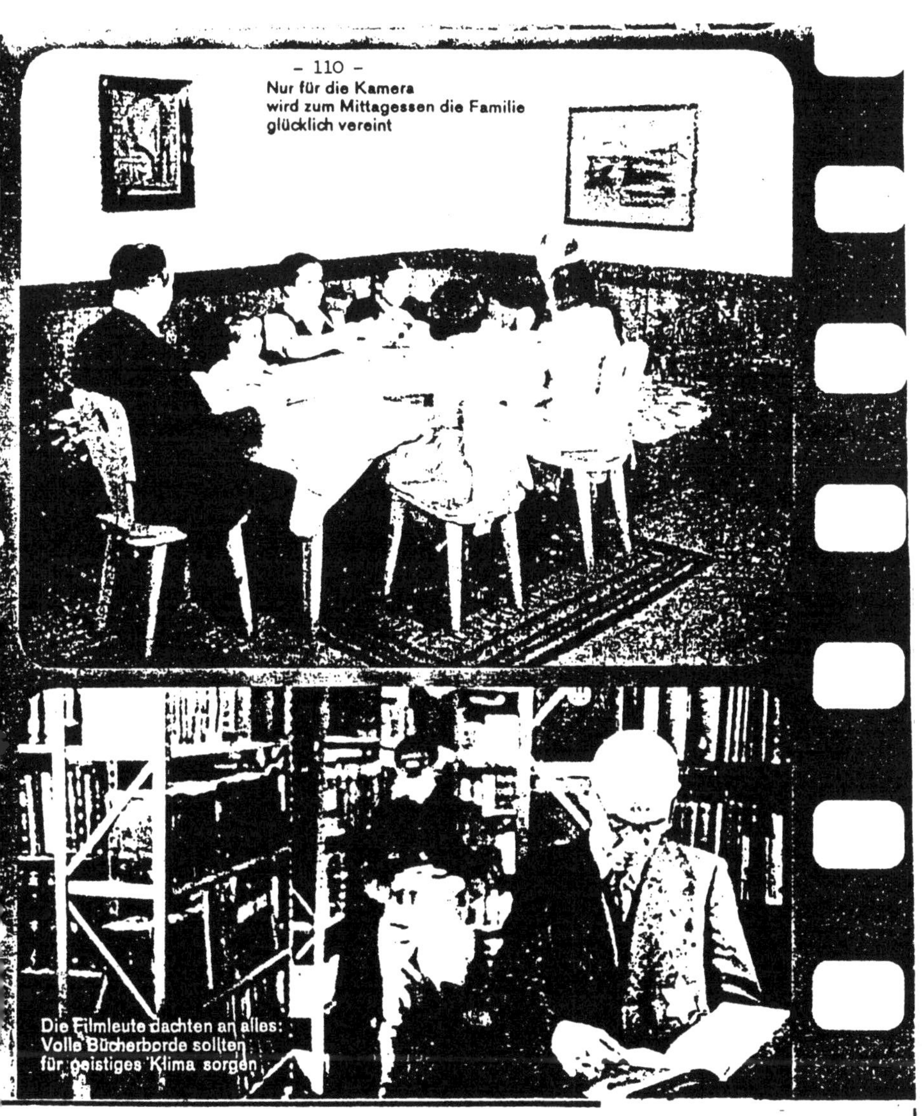
– 110 –
Nur für die Kamera
wird zum Mittagessen die Familie
glücklich vereint
Die Filmleute dachten an alles:
Volle Bücherborde sollten
für geistiges Klima sorgen

167

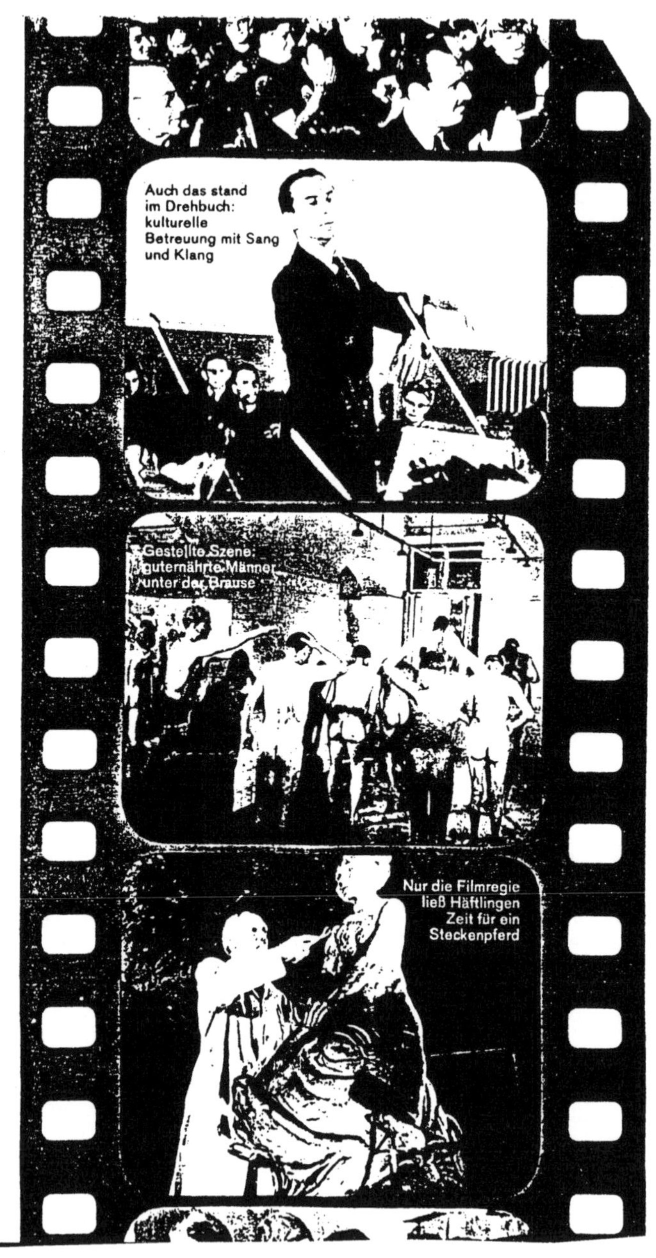
Auch das stand
im Drehbuch:
kulturelle
Betreuung mit Sang
und Klang

Gestellte Szene:
guternährte Männer
unter der Brause

Nur die Filmregie
ließ Häftlingen
Zeit für ein
Steckenpferd

167

Dienststellenauftrag
FREIZEITGESTALTUNG
Hahn Hilde
____

Kenn.Nr. _____________ Langestr. 19
                        Adr

Betr.:Filmaufnahme

Wir bitten Sie, sich zu der

am 31.8.44 _________ um 18 ___ Uhr

in Kaffeehaus (dunkle Klei-
                        dung)
stattfindenden Filmaufnahme(Probe)
pünktlich einzufinden

Diese Aufforderung dient als Ur-
laubsbeleg für die oben angegebene
Zeit und ist der Arbeitsstätte
vorher zur Kenntnisnahme und Ab-
stempelung vorzulegen.

Da die Aufnahme-(Probe-)zeit als
Arbeitszeit gewertet wird,ist
dieser Beleg nach Beendigung der
Aufnahme(Probe) dem Beauftragten
der Freizeitgestaltung abzuliefern.

                    Freizeitgestaltung

2545-K-44/k

[Vorderseite]

Quelle, wie 228.

Text: Das Formular ist vervielfältigt, doch das Wort „Dienststellenauftrag" mit Maschine hinzugeschrieben.

Kommentar: Die Mitwirkung beim Filmen, soweit es sich um Hilfskräfte, Statisten usw. handelte, erfolgte nicht immer freiwillig. Nach passenden Gesichtspunkten wurden Gefangene für bestimmte Szenen ausgesucht und verständigt, doch leisteten sie den Aufforderungen mitunter keine Folge, weswegen man sich auf die Autorität der SS berief, was in der Sache zutraf, und „Dienststellenauftrag" hinzusetzte.
Entnommen aus:
Adler, Hans G.: «Die verheimlichte Wahrheit – Zeugnisse und Berichte»
I. C. Mohr, Paul Liebeck, Tübingen 1958

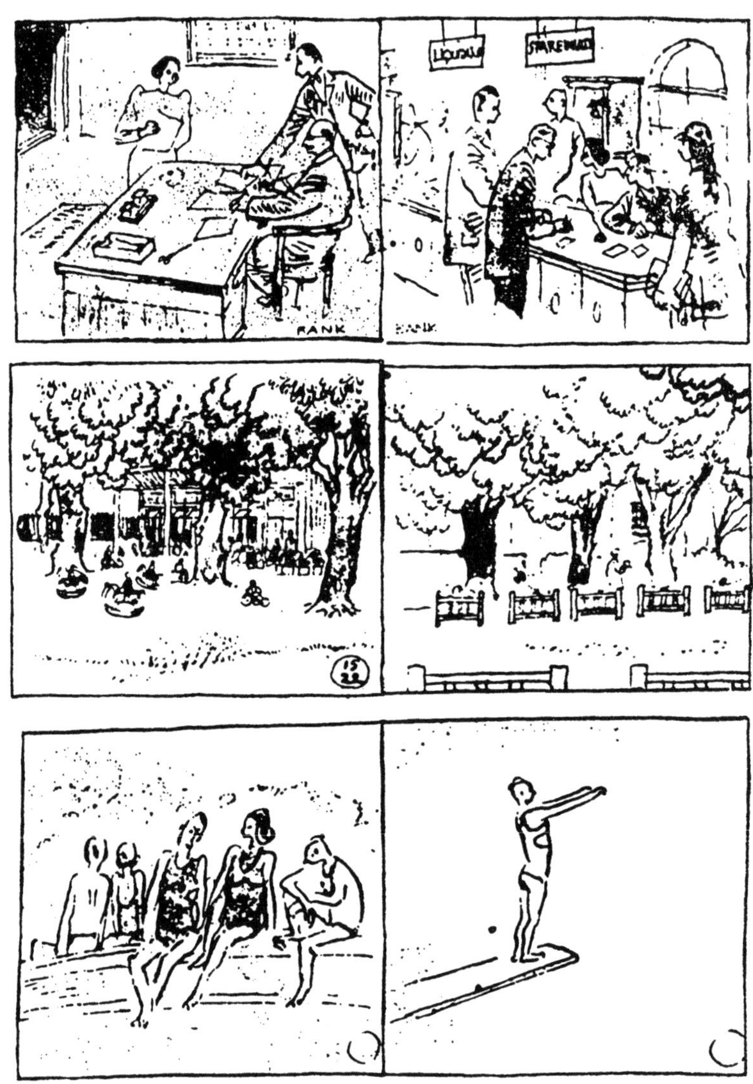

Entnommen aus:
Adler, Hans G.: «Die verheimlichte Wahrheit – Zeugnisse und Berichte»
I. C. Mohr, Paul Liebeck, Tübingen 1958

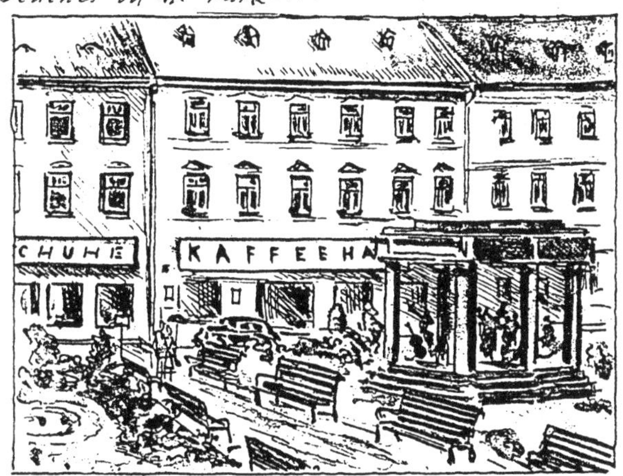

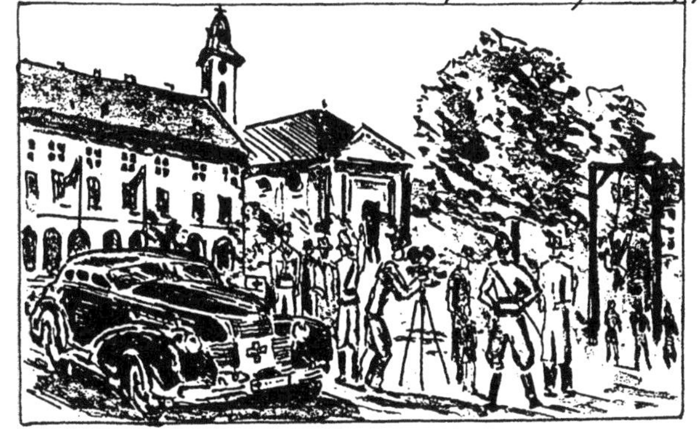

Entnommen aus:
Kantor, Alfred: «Das Buch des Alfred Kantor»,
Molden, Wien, München 1972 (Seite 110)

Beispiel für einen Auszug aus dem Filmschnitt zu dem nationalsozialistischen Propagandafilm «Der Führer schenkt den Juden eine Stadt». Das Schnittbuch zählt 1148 Einstellungen auf.

42. *Groß*
Die Hand des Kassierers, daneben die Sparkarte des Kunden, die aufgeklappt wird.

43. *Schwenkaufnahme*
Wie 41: Die Kamera schwenkt zu Kassa 2 (zweiter Teil der Aufnahme von Nr. 41).

44. *Nah*
Der Kunde erhält Geld ausbezahlt.

45. *Groß*
Die Hand des Kassierers zählt die Geldscheine auf den Tisch.

46. *Halbtotale*
Das Zimmer des Bankdirektors, die Sekretärin kommt, er unterschreibt die Post.

47. *Nah*
Die Kamera steht im Eingang der Bank und sieht nach außen auf den Marktplatz, wo gerade Kinder vorbeikommen, die zum Spielplatz geführt werden. Einige Kunden verlassen die Bank.

48. *Halbtotale*
Die Kamera steht auf der Straße, die Kinder ziehen vorbei, die Kunden verlassen den Raum.

49. *Totale*
Die Kamera steht am Rande des Stadtparks und schwenkt mit den Kindern mit.

50. *Halbtotale*
Die Kamera steht auf dem ersten Rondell auf einem Praktikabel: Die Kinder kommen direkt auf den Apparat zu.

51. *Totale*
Die Kamera, tief am Boden, schwenkt mit den Kindern mit und sieht durch eine Palme, wie sie auf dem Sandspielplatz ankommen.

52. *Halbtotale*
Kamera am Platz auf einem Praktikabel: Die Kinder rennen auf den Platz.

53. *Nah*
Eine Gruppe von Kindern, die im Sand spielen.

54.-60. *Groß*
Einzelaufnahmen von Kindern.

61. *Nah*
Ein Kind auf einem Schaukelpferd.

62. *Groß*
Der Kopf eines anderen Kindes.

63. *Sehr nah*
Zwei Kinder beim Tisch spielend.

64.-68. *Sehr nah*
Einzelaufnahmen von Kindern, die vor dem Pavillon spielen.

69. *Nah*
Kinder schlafen in kleinen Betten vor dem Pavillon.

581. *Halbnah*
Egerbad: (Von oben aufgenommen) Ein Mann steht auf dem Sprungbrett und springt mit einem doppelten Salto ins Wasser.

582. *Nah*
(Vom Wasser aus aufgenommen) Der Sprung; der Springer taucht ins Wasser. (Beim

Entnommen aus:
Adler, Hans G.: «Die verheimlichte Wahrheit – Zeugnisse und Berichte»
I. C. Mohr, Paul Liebeck, Tübingen 1958

102

6. Formen und Mittel des Theaters im KZ

Alle Künste – und seien sie noch so weit dem trivialen Alltag ent-
rückt –, haben einen unmittelbaren handwerklichen oder arbeitstechni-
schen Bezug. Ein Schriftsteller kommt nicht ohne Schreibmaschine
oder Schreibstift aus; und beim Theaterspiel greifen Regisseure und
Darsteller auf das zurück, was notwendig ist, den Komödien, Tragö-
dien, Opern, Sketches usf. ein passendes Umfeld zu verleihen, das den
Inhalt eines Stückes nicht nur umrahmt, sondern hilft, Zeit, Ort, Ge-
schehnischarakter den Zuschauern unmittelbar nahezubringen.

Das war im KZ nicht anders als auf den Bühnen unserer Tage. An
anderer Stelle wurde bereits gesagt (Kap. 3), daß die Formen des Theatralischen von der Rezitation über pantomimische Szenen bis hin zum
Kabarett und zu Inszenierungen von Schauspielen und Musikdramen
reichten.

Vergegenwärtigen wir uns erneut, daß Menschen im KZ total einge-
schränkt lebten, dann scheint die Frage nach der richtigen Gestaltung
des Bühnenumfeldes fast müßig zu sein. Und in der Tat fanden viele
Aufführungen nur in Häftlingskleidern statt. Die Phantasie mußte
ersetzen, was an wesentlichen Details der Bühnenausstattung fehlte.
Dennoch bemühten sich die Internierten (mitunter sogar rührend)
darum, Requisiten zu «organisieren», um ihre Vorstellungen mit dem
letzten Schliff auszustatten. Ob es sich dabei um Dekoration für das
illegale oder legale Theater handelte, blieb sich gleich, wobei der Bau
von Kulissen im ersteren Falle die Mitwirkenden stets gefährdete. Viele
Künstler handelten dennoch nach dem Motto: «Alles oder nichts!».

Um die erforderlichen Mittel zu beschaffen, bewiesen die Inhaftierten sehr viel Improvisationskunst. Sie brachten mitunter vortreffliche Ausstattungen zuwege, um die Provinztheater sie hätten beneiden können.

Natürlich hing es immer davon ab, wie die jeweiligen Fachkräfte in den Lagern zusammengesetzt waren. Um Kostüme, Masken, Versatzstücke etc. anzufertigen, brauchte man Spezialisten oder begabte Amateure. Da, wo viele Künstler, Techniker, Handwerker miteinander in Kontakt standen, war es natürlich eher gegeben, eine sachgemäße Ausstattung herzurichten, als dort, wo eventuell nur ein Künstler agierte.

In einer solchen Lage befand sich die Schauspielerin Fanny Marette in Ravensbrück. Für ihre lustige pantomimische Szene, in der sie einen «Herrn im Kino» à la Charlie Chaplin darstellte, waren ihre Requisiten recht bescheiden, aber dennoch wirkungsvoll: Sie nahm einen Hocker anstelle des Kinosessels und ihre Schüssel statt der «Melone».[169]

Die kleinen Stars des kabarettistischen Programms im KZ bei Riga – die Puppen – (siehe Kapitel 3.3.3.) waren da etwas anspruchsvoller. Ihre «Mütter» – u. a. Adela Bay und Musia Deyches – benutzten gestreifte Häftlingsuniformen, die sie mit Taschentüchern ausgestopft hatten, um sie zum Leben zu erwecken. Eine Holzbank diente als Bühne; und ein Laken wurde zum Vorhang umfunktioniert.

Nicht weit davon – in Auschwitz II – studierte Charlotte Delbo 1943 «Den eingebildeten Kranken» ein (siehe Kapitel 3.2.).

Wie das Regiebuch zustande kam, berichtete sie so: *«Claudette, die im Laboratorium arbeitete und dort einen Tisch, Bleistift und Papier besaß, nahm den «Eingebildeten Kranken» in Angriff und schrieb ihn aus dem Gedächtnis auf ...»*[170]

Das war die häufigste Methode unter den Internierten, um an klassische Stücke heranzukommen und sie aufführen zu können. Nicht alle Lager – wie Dachau, Buchenwald und Theresienstadt – verfügten über eine Häftlingsbibliothek. Kostüme und Schminke entstanden für das Molièrestück folgendermaßen: *«Es ist fast unvorstellbar, was Cécile geschaffen hat: die Trikots mauserten sich zu Wämsen und Kasaks, die Schlafanzüge verwandelten sich in Kniehosen für die Männer (die einzigen Kleidungsstücke, die nicht aus unserer Uniform gemacht wurden). Die Streifen enthüllten sich als umwandlungsfähig. Glücklicherweise benutzten wir, um die Samenkörner für unsere Pflanzen auszusortieren, mit Tüll ausgeschlagene Kästen. Und siehe da, der Tüll wurde zu Hemdkrausen, Manschetten, Bändern, Schärpen. Ein ausgepolster-*

ter Schlafrock in Himmelblau – ein unbezahlbares Stück aus unserer Garderobe, wurde zu einem prunkvollen Modellkleid für Bélise. Ein gelb-grüner Puder, dessen Zusammensetzung ich nicht kenne – vielleicht ein Insektenpulver – dient als Schminke für die Ärzte – ausgezeichnet gallig. Alle, deren schwarze Schürzen noch sauber waren, wurden gebeten, sie auszuleihen. Sechs solcher Schürzen drapierte Cécile um den Arzt, dem sie den Kopf mit einem Spitzhut aus geschwärztem Karton bedeckt hat. Um ihn befestigte sie Hobelspäne als steife Haarlocken. Die Spazierstöcke sind Stäbe, mit Tüllbändern geschmückt.»[171]

Ergänzend muß hier mitgeteilt werden, daß laut Aussage von Mme. Simone Floersheim, die gemeinsam mit Charlotte Delbo in Auschwitz II untergebracht worden war und im dortigen Labor arbeitete, das Arbeitskommando zu den relativ «angenehmen» zählte. Es bildete gewissermaßen eine Ausnahme und bot den weiblichen Häftlingen u. a. die Möglichkeit, sich gründlich zu waschen! Außerdem schlief jede Frau in einem eigenen Bretterverschlag. Infolgedessen sind die Zustände nicht mit den «normalen Maßstäben» von Auschwitz zu messen![172]

Die Frauen sorgten übrigens ebenso gekonnt für die gesamte Bühnentechnik, einschließlich der Beleuchtung für die Vorstellung, die am ersten Sonntag nach Weihnachten des Jahres 1943 stattfand.

Aber setzen wir den Text fort, der ausweist, mit welcher Geschicklichkeit sie Schwierigkeiten aus dem Weg räumten, um das Spiel möglich zu machen: *«Den Tischen aus dem Speisesaal entfernten wir die Beine – (wenn nicht, wäre die Bühne zu hoch für die Baracke gewesen und hätte fast gegen die Decke gestoßen); daneben stand, symbolisch dargestellt, eine Estrade. Die Decken wurden von Carmen geschickt zugemacht.*

Einen Hammer, Nägel und eine Schnur, die sie länge Zeit schon begehrte, klaute sie von einem SS-Gärtner.

Die Decken bilden einen Vorhang, der nicht gering zu unserem Erfolg beiträgt. Die anderen Decken sind an den Fenstern angebracht, zur Verdunkelung des Saales. Die Szene ist nur dort beleuchtet, wo Carmen – Beleuchterin und Bühnenarbeiter in einer Person! – eine Ableuchtlampe als Scheinwerfer angebracht hat. ‹Woher hat sie das alles gestohlen? – Ich werde es euch erklären ...› Im Moment hämmert und installiert sie. Kulissen sind auch vorhanden: Decken und Schnüre. Und eine Souffleuse mit dem Text, bitte sehr!»[173]

Nach W. Langhoff liefen die Vorbereitungen für den bereits erwähnten «Zirkus Konzentrazani» hinter den Baracken ab (Kapitel 3.3.3.).

*«Ein Malermeister aus Aachen war unser ‹Dirigent›. Bei den Proben
… achtete ich vor allen Dingen darauf, daß der gesamte Ablauf schnell,
exakt und diszipliniert vor sich ging, weil ich mir sagte, daß schon
allein durch straffe Ordnung und Tempo ein gewisser Eindruck auf
die SS ausgeübt werden könne. Eine Schrammelkapelle – Zieharmonika
und selbstfabrizierte Geige mit Schellenbaum – war vorhanden.»*[174]
Die Häftlinge des Lagers bestimmten eine «Unterhaltungskommission», die die Einteilung der einzelnen Arbeitsvorgänge zu überwachen
hatte.

*«Der Otto aus Baracke 5 war damit beschäftigt, auf dem großen
Sandplatz zwischen den Baracken eine richtige ‹Manege› abzustecken.
Rund herum wurden die Sektoren für die Baracken eingeteilt. Jede
Baracke hatte ihren bestimmten Platz. 20 Häftlinge standen als Platzanweiser und Stalldiener bereit. Sie hatten sich auf ihre alten, grünen
Schuporöcke lange Reihen von blanken Knöpfen genäht und sahen
prachtvoll aus.»*[175]
Für die «Public relations» sorgte ein Plakat, welches einer der Häftlinge am Morgen der Vorstellung, durch das KZ trug: «*Zirkus Konzentrazani! Heute große Galavorstellung! Riesentierschau! Die größten
Ochsen der Welt. Noch nie dagewesen. – Das Moorballett – und Parterreakte.*

August – der Urkomische! Beginn 2.30»[176]
Otto Halle schilderte, wie es im KZ Buchenwald vor sich ging.
Dort sorgten übrigens Fachkräfte für die Herstellung der Requisiten.

*«Plastiker, Maler und Graphiker sowie Kunsthandwerker entwarfen
und gestalteten die Dekoration und Ausstattung. Komponisten, Instrumentalisten und Sänger sorgten für den musikalischen Teil. Schauspieler
und Rezitatoren sprachen die von Schriftstellern und Dichtern verfaßten Texte.»*[177]
Den Text des Shakespeare-Werkes «Was ihr wollt» (siehe Kapitel
3.4.) entnahmen die Häftlinge der Lagerbibliothek. Das Stück wurde
auf «*Treppen, auf der Latrine, in der Kantine einstudiert. Hauptprobenort war der Treppenaufgang zur Häftlingseffektenkammer. Nach dem
Appell haben wir immer von 20 bis 21.30 Uhr geprobt, dann mußten
wir uns in die Blocks schleichen …»*[178]
Faszinierend und makaber zugleich mutet das Herstellen einiger
Requisiten an:
«In der Pathologie haben wir die abgeschnittenen Haare der Neuzugänge präpariert, gebleicht und gefärbt. Im ‹kleinen Lager› war ein

106

Perückenmacher. Er bekam alte Damenstrümpfe und machte daraus die Kopfform. Wochenlang hat er an den Perücken geknüpft, die dann von einem Theaterfriseur gelegt wurden. Alle Werkzeuge, die wir benötigten, wurden heimlich organisiert oder produziert. Die von einem Theaterschneider gefertigten Kostüme waren stilecht: dazu wurden alte Kleidungsstücke, die aus Auschwitz kamen, sowie alte Bettlaken, die in der Pathologie gefärbt wurden, verwendet. Die Dekorationen waren sehr einfach: Wir haben Holzrahmen gebaut, die mit blauer Farbe gespritzt und mit Säcken bespannt wurden. Sie bildeten die Seitenwände und den Hintergrund ... Wir haben auch stilechte Tanz- und Gesangseinlagen in diesem Stück geboten ...»[179]

Wenn man diese Beschreibung Halles liest, könnte man fast vergessen, an welchem Ort diese «Theaterwerkstatt» lag. Zugleich wird transparent, daß dort, wo ein Wille ist, sich auch meist ein Weg findet. Ein Grundsatz, der nicht nur für KZ-Insassen bedeutsam sein sollte.

Für die benötigten Requisiten der «Blutnacht auf dem Schreckenstein oder Ritter Adolars Brautfahrt und ihr grausiges Ende» (Kapitel 3.3.4.) bewiesen die Internierten nicht minder Erfindungsgabe und Organisationstalent.

Bei Dr. Rudolf Kalmar ist nachzulesen:

«Wochenlang schmuggelten die Kameraden aus den Werkstätten unter den Kleidern ins Lager, was legal nicht zu haben war. Auf dem ‹kleinen Appellplatz›, vor der Desinfektion und gar nicht weit vom neuen Krematorium mit der getarnten Gaskammer entfernt, zimmerten Fachleute das Bühnenhaus zurecht.

Die Ritter bekamen, aus Pappe geschnitten, Rüstung und Helm. Sie trugen Überwürfe aus grellrotem Fahnentuch dazu und waren mit Bändern und Schlaufen in allen Farben geputzt, aus denen man im ‹Bekleidungswerk des K. L. D.› Litzen und Spiegel für unübersehbare Regimenter aller Waffengattungen hätte anfertigen können.

Die Stiefel wurden von einem mitverschworenen Schreiber irgendwo auf Verlust gebucht, das Tafelgeschirr fehlte bei der Jahresinventur im Bestand des SS-Führerheims, und für die Schminken wurde das Krankenrevier mobilisiert. Der ‹technische Stab› organisierte nach den Wünschen des Generalintendanten und Regisseurs Viktor Matejka ...»[180]

Der Enthusiasmus der Internierten animierte sie allem Anschein nach zu fast krimineller Energie. Auch das beweist wiederum, welch hohen Stellenwert das Theaterspiel besaß, wenn man unbedenklich zugunsten einer Aufführung moralische Bedenken hintanstellte. Allerdings ist in diesem Zusammenhang zu vermerken, daß die Skala der Werte sich immer und überall messen lassen mußte (und muß!) an den *Lebensnotwendigkeiten!* Ohne Zweifel war sogar das illegale Beschaffen von Requisiten eine solche.

Anders ausgedrückt: Gesetze, Verordnungen, Zwänge, Normen sind so lange gerechtfertigt, wie sie die Qualität des menschlichen Lebens heben, das Dasein der Menschen schützen und den Ablauf des Miteinanders einsichtig für die Mehrheit regeln. Wird jedoch Humanität degradiert und Zweckvorstellungen primitiver Art untergeordnet, dann kann es durchaus verdienstvoll sein, Verbote zu unterlaufen. Natürlich heiligt der Zweck die Mittel nicht; aber jedermann hat abzuwägen und nach bestem Wissen und Gewissen zu entscheiden, welchem Lebensgut der Vorzug gegeben werden darf und muß!

Im KZ kam dem Theater die Funktion des kulturellen «Rettungsinstrumentes» zu. Damit erübrigte sich zugleich die Frage nach dem Wert oder Unwert des «Organisierens». Hier wurde gestohlen, um eines wesentlichen Lebensgutes willen. Was für den Akt der Notwehr gilt, besaß auch in diesem Fall seine Gültigkeit!

Daß die Inhaftierten sich dessen durchaus bewußt waren, bekräftigte ein Zitat Kalmars:

«Die Kameraden der ‹inneren Organisation› hatten alle Hände voll zu tun, um den Beziehungs-Alarm der ‹Schreckensteiner› zu dämpfen. Ein einziger Denunziant hätte uns wahrscheinlich allen das Leben gekostet ...»[181]

Besonders bedeutsam war in Theresienstadt die Mitarbeit eines hervorragenden Bühnenbildners, des Architekten und Malers František Zelenka. Er stellte seine ideensprühende Erfindungsgabe in den Dienst des KZ-Theaters. Die Bühnen, meist in Kellerräumen oder auf dem Dachboden der Kasernen, wie erinnerlich ist, besaßen an sich schon eine besondere Atmosphäre. Dr. Norbert Frýd beschrieb in seinen KZ-Memoiren, was der Künstler für das biblische Stück «Esther» (siehe Kapitel 3.3.1.) zauberte: *«Zelenka nutzte die Gegebenheiten dieser Bühne aus, steigerte den Eindruck noch durch die Betonung des Verschlampten dieser Umgebung (wie Gogols ‹Hochzeit›) oder durch die ausschließliche Verwendung von Material, das für das Getto charakteristisch war (Heraklith, Stroh, Blechbüchsen und so weiter). So waren die Kostüme für Esther zum Beispiel aus Leintüchern angefertigt, die von Verstorbenen zurückgeblieben waren. Sie wurden recht bunt gefärbt, zusammengelegt und dann mit der Schere geschnitten, wie es*

108

Kinder mit gefaltetem Papier tun, so daß etwas Grobzerfranstes, Lustig-Armseliges zustande kam, das für Spitzen gehalten werden konnte. Der König war mit einer Kette aus leeren Streichwurstdosen geschmückt, die Troddeln am Kostüm des Herolds bestanden aus Hobelspänen.»[182]

Bei der Kinderoper «Brundibár» (s. Kap. 3.4.) führte Zelenka zugleich auch die Regie. Von Rudolf Franèk wissen wir: *«Er stellte einen Zaun hin, der aus mehreren Brettern bestand, und befestigte drei Plakate darauf. Auf diesen Plakaten waren in sehr witziger Form der Sperling, die Katze und der Hund abgebildet. Wenn die Kinder sangen, steckten sie den Kopf durch das Plakat heraus. Das löste auch das alte Regieproblem von Tieren auf der Bühne ... Wir spielten im Saal der Magdeburger Kaserne ...»*[183]

An die Ausstattung zum Kindersingspiel «Glühwürmchen» (s. Kap. 3.4.) erinnert sich Nava Shan recht deutlich: *«Für das Bühnenbild gab es nur Papier, für die Kostüme nur alte Hadern. Die Helferinnen des Heims trennten bereitwilligst alte Kleidchen auf und nähten daraus mit Hilfe der Kinder Kostüme. Diese wurden von den Kindern selbst entworfen. Friedl Brandeis, eine österreichische Malerin, überwachte diesen Teil der Arbeiten. Das Bühnenbild wurde von dem Maler Adolf Aussenberg entworfen. Die Kulissen wurden von hilfsbereiten jungen Burschen bemalt. Aber alles dauerte viel länger, als wir angenommen hatten, so daß ich in der Nacht vor der Premiere mit allen Helfern bis 5 Uhr früh aufbleiben mußte, um große Glockenblumen und Sonnenblumen auf Papier zu malen. Den Hintergrund malte Aussenberg. Als unsere Freunde, die Elektriker, sahen, mit welcher Begeisterung wir am Werke waren, halfen sie gleichfalls mit. Sie liehen sich im Kraftwerk Ersatzteile aus, stellten einen Rheostat und Scheinwerfer zusammen, und Franta Pick zauberte mit Hilfe farbigen Papiers auf der Bühne märchenhafte Lichteffekte hervor.»*[184]

Es ist ersichtlich, daß Probleme, die in anderen Kapiteln unter verschiedenen Stichworten bereits abgehandelt wurden («Legales Theater», «Illegales Theater», «Theater im KZ als Stätte der Unterhaltung» usw.), ständig wiederkehrten.

Das ließ sich nicht vermeiden; denn selbst hinter scheinbar nebensächlichen Beschreibungen, wie etwa über die Tätigkeit von Requisiteuren, tritt zutage, was wir «Lebensbewältigung und Überlebenstraining mittels des Theaters» nennen dürfen.

Letztlich ist alltägliches Bühnenspiel nicht direkt mit dem des KZ's vergleichbar. Immer muß beim KZ-Theater auch «Nebensächliches» tiefer definiert und also wesentlicher angesehen werden.

Es wird deutlich, daß selbst scheinbare «Randtätigkeiten» existentielle und essentielle Hintergründe besaßen. Schon deshalb wurden sie mit einem höheren Kurs notiert, als das in unserer geläufigen Theaterwelt üblich zu sein scheint, wiewohl nicht auszuschließen ist, daß dem Bild, dem Aufbau, den Requisiten eines Stückes in einer von der Optik diktierten Zeit mehr Aufmerksamkeit geschenkt wird als in Epochen, die das Wort in den Brennpunkt einer Aufführung stellten.

Ein weiteres Moment dürfte im KZ gewesen sein, daß man dem Übergreifen der verschiedenen Kunstgattungen, dem Verwobensein der Künste, zugeneigt war. Das Filmtheater hatte schließlich seine unübersehbaren Spuren in allen Kunstbereichen hinterlassen; und KZ-Künstler lebten zwar isoliert, aber nicht außerhalb von Welt, Einsicht, Vernunft, Überzeugung, Wissen ...

Das beeinflußte natürlich auch ihre Sehweise; und so ist festzustellen, daß schon seinerzeit das Ganze eines Stückes gesehen wurde. Wie anders sonst soll man verstehen, daß eine Frau wie Nava Shan noch bis zum letzten Augenblick daran wirkt, die Ausstattung eines Stückes auf die Beine zu stellen?

Daher sind auch die Parallelen zu einer jetzt geplanten und durchgeführten Premiere nicht zu übersehen.

Theater also doch zeitbezogen-zeitlos? Gleichgültig, wo es gespielt wird und wann?

«Künden! Können! Kennen! – Synonyme für Kunst? Ich glaub's nicht unbedingt. Vielleicht müßte es heißen: Ahnen! Entdecken! Sich entäußern! Anders gesagt: Der künstlerische Mensch sucht den Grund des Lebens und entwirft neue Linien des Seins. So baut er eine Basis des Wesentlichen, das sowohl inner- wie außerhalb seiner Humanität liegt.»
Alfred Müller-Felsenburg[185]

7. Parallelen – Hypothesen – Schlußfolgerungen

Anfangs wurde die Frage gestellt, inwieweit die Untersuchung objektiv gültig für unsere Zeit ist. Welche Konsequenzen müßten notfalls aus dem gezogen werden, was seinerzeit in den Konzentrationslagern künstlerisch getan und bewirkt wurde? Läßt sich das übertragen? Oder ist es nicht vielmehr so, daß ein Abschnitt innerhalb der Zeit unverrückbare Vergangenheit bleiben muß, der wir nichts entnehmen können? Wäre es an dem, lebten wir geschichtslos; und wenn auch Vorgänge niemals in derselben Weise wiederholbar sind, so bleiben doch die Strukturen erhalten, nach denen sie einst abliefen. Der Mensch ist nicht unvermittelt änderbar. Seine Verhaltensweisen kehren je und je wieder, sind z. T. gesetzmäßig in ihm verankert. Das gilt für positive wie negative Wesensmerkmale. Aber hier geht es um Kunst, genauer: um das Theatralische im KZ. Die Aspekte wurden differenziert dargestellt und teilweise sogar aus dem Gesamtzusammenhang gelöst, um sie deutlicher zu machen. Schließlich ging es nicht an, das Gesamtphänomen KZ immer wieder in die Untersuchung hereinzuholen. Es mußte dem Leser zugemutet werden, den historischen Kontext hintergründig selbst mitzubedenken. Anders formuliert: KZ-Häftlinge spielten nicht fortwährend Theater, sondern sie waren Gefangene einer bösen Gewalt.

Sie spielten dennoch! Und das ist entscheidend. Auch heute noch!

Welche parallelen Situationen gibt es jetzt? Konzentrationslager sind leider Gottes immer noch nicht aus der Mode gekommen. Sie existieren, wenn auch meist unter beschönigenden Bezeichnungen in Süd, Ost, Nord und West unseres Planeten.

Die einen nennen sie Staats-Sanatorien, die anderen psychiatrische Anstalten. Hier kennt man Rehabilitations-Zentren, dort schlichte Arbeitslager ...

Durch die Veröffentlichungen von Amnesty International wurde bekannt, daß offensichtlich in nahezu jedem Staat der Erde Menschen inhuman oder gar bestialisch behandelt werden. Zu hoffen, daß das Wort «Folterung» einmal zu einem unübersetzbaren und nicht mehr gekannten Begriff aller Sprachen würde, wäre gewiß eine Illusion. Aber auch Illusionen und Träume lassen sich wahrmachen.

Wenn es folglich noch ähnliche und gleichartige Einrichtungen wie vor 50 – 60 Jahren gibt, dann ist nicht von der Hand zu weisen, daß auch die Gefühle und Reaktionen Betroffener gleichartig ablaufen, daß sich der Intellekt eines unrechtmäßig Verhafteten jener Mittel bedient, die auch die Frauen und Männer im KZ anwandten, um der Lage auf ihre Weise Herr zu werden.

Am 14. März 1983 stellte z. B. der südamerikanische Komponist Angel Parra seine im chilenischen Konzentrationslager komponierte und von Mithäftlingen uraufgeführte Johannes-Passion in Hagen vor.

«Das Leiden eines Volkes zwischen den Mahlsteinen gegenwärtiger Politik prägten die 1973 in einem Konzentrationslager entstandene Komposition» hieß es in der Kritik der Presse. Und weiter: *«Angel Parras kleines Werk orientiert sich in der Besetzung an den damaligen Möglichkeiten des Komponisten im Straflager: Klavier, ein kleiner Chor, Violoncello, Kontrabaß, Oboe, Querflöte, dazu der zur Gitarre singende Komponist Angel Parra ...»*[186]

Wie sich die Bilder gleichen, möchte man angesichts dieser Darstellung sagen. Und auch die Absichten sind ähnliche, wenn nicht die gleichen geblieben. Parra mahnt zur Solidarität, zum persönlichen Mut und zum Durchhalten all derer, die ihren persönlichen Kreuzweg gehen müssen. Es soll seinem Ansinnen erneut ein Wort Dr. Frýds gegenübergestellt werden, so daß gleichsam intensiver die Übereinstimmung von Wirken, Wollen, Erdulden und Überwinden im Leben der Künstler zutage tritt:

«Daher möchte ich es hier noch einmal sagen: Wenn Theresienstadt nicht die Hölle wäre, wie Auschwitz, dann war es das Vorzimmer zur Hölle. Aber kulturelle Bestrebungen waren dort noch möglich, und für viele bedeutete dieses fanatische Festhalten an einem fast schon hypertrophen Kulturleben eine letzte Gewißheit. ‹Wir sind menschliche Wesen, und wir bleiben es›, sagten sie auf diese Weise, ‹trotz allem!

Und wenn wir zugrunde gehen müssen, dann darf dieses Opfer nicht vergeblich gewesen sein. Wir wollen ihm einen Sinn geben!›»[187]

Diese Parallele läßt sich ergänzen durch einen hypothetischen Ansatz, der bereits im Text des Autors Müller-Felsenburg über diesem 7. Kapitel zu finden ist. In dem kleinen Werk Konrad Fiedlers «Über die Beurteilung von Werken der bildenden Kunst» ist außerdem etwas nachzulesen über die allgemeine künstlerische Tätigkeit; und diese Definition gilt nicht nur für alle Zeiten, seien sie vergangen, gegenwärtig oder zukünftig. Sie trifft sowohl auf die Theaterfachleute im KZ als auch in einem chilenischen oder ehemaligen sowjetischen Straflager zu, wie sie übertragbar ist auf den normalen Alltag unserer Mit- und Umwelt.

«Die künstlerische Tätigkeit ist eine ganz ursprüngliche und durchaus selbständige geistige Tätigkeit. Sie setzt die höchste Besonnenheit voraus und führt zum klarsten Bewußtsein. Wenn man die künstlerische Tätigkeit so gern eine unbewußte nennt, so beweist man damit nur, daß man in die eigentümliche Art des künstlerischen Bewußtseins nicht einzugehen vermag. Dieser Umstand trägt die Schuld an so manchen falschen Auffassungen von der Stellung des Künstlers in der Welt, Auffassungen, mit denen man dem Künstler zu schmeicheln glaubt, während man ihm doch sein Recht vorenthält. Man betrachtet ihn gern als eine Art Luxusartikel der Menschheit, man verehrt ihn um seiner Art der Tätigkeit willen, die sich aus dem Kreise der übrigen menschlichen Tätigkeit heraushebt, die man eine Blüte menschlichen Tuns nennt, weil sie dem irdischen Dasein sich zu entwinden scheint. Aber indem man den Künstler so eximiert, indem man seine Werke gleichsam als einen Überschuß betrachtet, den eine gütige Vorsehung den Menschen zum Trost und zur Erhebung gegönnt hat, versagt man ihm die viel wichtigere Anerkennung, daß er am Tagewerk der Menschheit sein ernstes und notwendiges Teil so gut leistet wie irgendein anderer, daß ohne ihn der Menschheit nicht ein, wenn auch noch so edles Vergnügen, sondern eine ganze Art der höheren geistigen Existenz fehlen würde. Man nennt die Kunst etwas Göttliches, weil man das Menschliche an ihr nicht versteht. Die Kunst ist aber etwas äußerst Menschliches, und es ist auch nicht einzusehen, wie sie etwas anderes sein sollte. Sie ist nicht außerordentlicher, als dies andere bedeutende menschliche Leistungen auch sind. Wir mögen sie göttlich nennen, wovon wir uns bewußt sind, daß es durch keine menschliche Kraft hervorgebracht werden kann; nur zu oft aber nennen wir göttlich das, was wir als menschlich nur nicht begriffen haben, und freilich ist es leichter,

etwas Unbegriffenes auf etwas Unbegreifliches zurückzuführen, statt zu versuchen, ob man es nicht zu etwas Begreifbarem machen könne.»[188]

Kunst ist demnach kein Luxusartikel, sondern Tagewerk des Menschen. Das gilt auch als eine Lehre, die Theaterkünstler des KZ's uns nicht vorenthalten haben, die aber heutzutage wieder vergessen zu werden droht. Wie sonst sollte man erfassen, daß eine wirtschaftliche Rezession, verbunden mit Massenarbeitslosigkeit, dazu führt, daß Politiker und Verwaltungsfachleute der Gemeinden, Länder und des Bundes (und nicht nur in Deutschland!) viele notwendig kulturelle Aufgaben drosseln, gar aufheben möchten? Bühnen werden nicht mehr subventioniert! Man erwägt gar, die Pforten der Theater zu schließen.

Bibliotheken erhalten keine Zuschüsse mehr. Stellen werden zuerst dort eingespart, wo es um die Kunst, Wissenschaft und Kultur geht. Daraus spricht sowohl Banausentum, wie auch anzunehmen ist, daß man das Volk geistig und seelisch ausdörren möchte.

Damit wird der Mensch zurückgeführt auf einen vorhumanen Zustand!

Offenbar ist es leichter und angenehmer, die Masse zu regieren, wenn sie weder Theater noch das Buch noch das Lied noch die Muße des Musischen kennenlernt. Da waren römische Cäsaren klüger. Sie verordneten «Brot *und* Spiele!»

Seitens der Künstler – das sollte ebenfalls nicht verschwiegen werden –, wird aber auch versucht, der eigenen Kunst den Garaus zu machen. Wer nur noch auf die Höhe der Gage sieht, der muß sich nicht wundern, daß, trotz aller Routine, die Seele seines Spiels an Schwindsucht eingeht.

Ein Zitat Charlotte Delbos gilt deshalb als unüberhörbare Mahnung an all jene, die mit der Tätigkeit innerhalb des Theaters zu tun haben: *«C'est magnifique parce que chacune, avec humilité, joue la pièce sans songer à se mettre en valeur dans son rôle. Miracle des comédiens sans vanité.»*
(Es ist wundervoll, weil jede von uns mit Demut das Stück spielt, ohne daran zu denken, sich in der Rolle hervortun zu wollen. Wunder: die Schauspieler ohne Eitelkeit.)[189]

Ungeachtet der grausigen Szenerien der KZ-Landschaften, eines ist und bleibt dem Menschen doch wohl immer eigen – und dagegen vermögen auch die kurzsichtigen Kulturpolitiker, Bürokraten unserer Breiten und die Gewaltherrscher aller Regionen nichts auszurichten!–, er paßt sich Zuständen an und überwindet sie, sublimiert seine Instink-

114

te, auch gegen das mögliche Böse im Menschen. Ausgerechnet in dem heiteren und unbeschwerten Film «Zur Sache, Schätzchen», der am 18. März 1983 über die Bildschirme lief (ausgestrahlt vom ARD), war die mehr als kluge Sentenz zu hören: *«Die Phantasie wächst mit der Begrenzung des Raumes!»*

Wie nebenbei gesagt. Aber so nebensächlich war das durchaus nicht. In der griechischen Sage von Dädalos und Ikaros kommt dasselbe Prinzip zum Tragen: Die Gefangenen erheben sich in die Lüfte. Ihnen wachsen Schwingen zu; und selbst der Absturz des Ikaros, der nicht gelernt hat, das Maß zu beachten, ändert nichts an der Tatsache, daß es die Gefangenschaft (die Begrenzung) des Menschen ermöglichte und erzwang, sich in die Höhe zu begeben.

Insofern ist KZ-Theater Identifikations-Modell für die ständige Situation des Menschen schlechthin.

Allerdings ist es Aufgabe und Ziel, dieses Modell für immer zu zerstören oder doch überzuführen in einen Bereich, in dem Grenzverletzungen und Begrenztsein zum sanften Spiel des Geistigen und nicht des Ungeistigen werden.

Es sei gestattet, zu guter Letzt noch einen Mann zu zitieren, der auch im KZ leben mußte.

Ernst Wiechert sagt in seinem Buch «Der Totenwald»:

«Es dämmerte schon, als Johannes noch einmal den Raum zwischen den Baracken verließ, wo sie ihre freie Abendstunde zubrachten. Er hatte nur eine Minute zu gehen, bis er unter der Eiche stand, von der man sagte, daß ihr Schatten schon auf Goethe und Charlotte von Stein gefallen sei. Sie stand neben einer der Lagerstraßen, und hier nun war die einzige Stelle, von der man weit in das Land hinuntersehen konnte. Der Mond hing über den waldigen Hügeln, und die letzten Töne des Lagerlebens erstarben.

Er sah noch eine Weile hinaus, so allein, als sei er der letzte Mensch auf dieser Erde, und er versuchte, sich aller Verse zu erinnern, die er von dem wußte, der vor hundertfünfzig Jahren hier gestanden haben mochte. Es war nichts verlorengegangen von dem großen Leben, und auch wenn er mit fünfzig Jahren an eine Galeere geschmiedet worden wäre, würde nichts verlorengegangen sein.

‹Edel, hilfreich und gut ...› Nein, nicht einmal dies war untergegangen, solange ein einziger Mensch es vor sich hinsprach und es zu bewahren versuchte bis in seine letzte Stunde hinein.»[190]

8. Anmerkungen

1) Brecht, Bert: «Die Dreigroschenoper», 2. Akt, S.69 / 70

2) Manson, Jean: De la Résistance à la Déportation», S. 135 f.

3) Maršálek, Hans; Kohl, Josef: «Mauthausen: Wegweiser durch das ehemalige KZ Mauthausen»

4) Kogon, Eugen: «Der SS-Staat», S. 54

5) Ständige Ausstellung im KZ-Museum Dachau

6) Internationaler Suchdienst Arolsen: «Vorläufiges Verzeichnis der Konzentrationslager und deren Außenkommandos sowie anderer Haftstätten unter dem Reichsführer SS in Deutschland und deutsch besetzten Gebieten 1933 – 1945» – z. B. besaß Flossenbürg 106 Außenkommandos und zwei Unterkommandos.

7) Liste der verschiedenen Nationalitäten: KZ-Museum Dachau und Mémorial Juif Inconnu, Paris

8) Manson, Jean: «De la Résistance à la Déportation», S. 135 f.

9) Interview der Autorin mit Erwin Geschonneck und Adi Maislinger am 27. / 28. Juli 1982, Dachau

10) Kogon, Eugen: «Der SS-Staat», Kap. «Das Drohnendasein der SS», S. 306 ff.

11) Interview der Autorin mit Général Pierre Brunet, November 1982, Paris

12) Kogon, Eugen: «Der SS-Staat», Kap. «Sondereinrichtungen», S. 178 ff. Fleckfieber-, Malaria-, Sterilisations-Versuche u. v. m. – Ausstellung im KZ-Museum Dachau: Physikalische Versuche

13) Hoffmann, Friedrich: «Und wer Euch tötet ... Leben und Leiden der Priester in den Konzentrationslagern». S. 233

14) Gespräch de Autorin mit Prof. Dr. Georges Wellers am 3. November 1982, Paris

15) Interview der Autorin mit Frau Fanny Marette, 12. November 1982, Paris

16) Ben-David, Gershon: «Die erzieherische Tätigkeit im Ghetto Theresienstadt 1941 – 1945 und im Familienlager der Theresien-

städter Juden in Auschwitz 1943 – 1944» – Interview mit Nava Shan, 02.08.1965, Haifa; 1. Tonbandaufnahme, S. 39

17) Schneider, Wolfgang: «Kunst hinter Stacheldraht», S. 16

18) Charlotte Delbo befand sich seit Januar 1943 im Konzentrationslager Auschwitz II

19) Delbo, Charlotte: «Auschwitz et Après II – Une connaissance inutile», S. 123

20) Müller-Felsenburg, Alfred: «Sie verändern die Welt / Gestalten unserer Zeit in Erzählungen und Berichten», S. 149 ff.
Der hier zitierte Text ist eine Neufassung, die mir der Autor vor der Wiederveröffentlichung des Kapitels «Der aufrechte Jude» überließ.

21) Lévy-Haas, Hanna: «Vielleicht war das alles erst der Anfang – Tagebuch aus dem KZ Bergen-Belsen», S. 55

22) Alleg, Henri (Hrsg.): «Les chemins de l'Espérance», S. 194

23) Delbo, Charlotte: «Auschwitz et Après II – Une connaissance inutile», S. 90 f.

24) Ben-David, Gershon: «Die erzieherische Tätigkeit im Ghetto Theresienstadt 1941 – 1945 und im Familienlager der Theresienstädter Juden in Auschwitz 1943 – 1944» – Interview mit Nava Shan, 02.08.1965, Haifa, 1. Tonbandaufnahme, S. 33

25) ebenda: 1. Tonbandaufnahme, S. 33f.

26) Delbo, Charlotte: «Auschwitz et Après II – Une connaissance inutile», S. 89

27) ebenda: S. 124

28) Langbein, Hermann: «... nicht wie die Schafe zur Schlachtbank / Widerstand in den nationalsozialistischen Konzentrationslagern», S. 336

29) Langhoff, Wolfgang: «Die Moorsoldaten – 13 Monate Konzentrationslager», S. 141

30) ebenda: S. 176

31) ebenda: S. 183

32) Interview der Autorin mit Erwin Geschonneck am 27. Juli 1982, Dachau

33) Zaleski, Z. L.: «Expèrience psychologique et sociale des camp de concentration allemands», S. 22

34) ebenda: S. 22

35) Heilig, Bruno: «Menschen am Kreuz», S. 124

36) Douvette, M.: «Témoinage sur Auschwitz / Interview mit Raymond Kamioner», S. 11

37) Épagneul, Dr.: «Dans les Géoles Allemandes», S. 43

38) Johe, Werner (Hrsg.): «Zur Geschichte der Konzentrationslager in Hamburg», Kap. 9: «Das Leben im Lager», S. 34

39) Hart, Kitty: «I am alive», S. 92

40) Durand, Pierre: «Les armes de l'espoir – Les Français à Buchenwald et à Dora», S. 114

41) Schneider, Wolfgang: «Kunst hinter Stacheldraht», S. 23

42) Centre de Documentation Juive Contemporaine: Dokument 5343: «Die Mächtigen und die Hilflosen», S. 152

43) Delbo, Charlotte: «Auschwitz et Après II – Une connaissance inutile», S. 96

44) Diese Aussagen entwickelten verschiedene Autoren (Kogon, Apitz u. a.); oder sie wurden in Interviews verdeutlicht. Hier sind sie in allgemeiner Form wiedergegeben worden.

45) Schneider, Wolfgang: «Kunst hinter Stacheldraht», S. 14

46) Der Aufstand im Warschauer Getto (1943) mag hier als Beispiel gelten.

47) Kogon, Eugen: «Der SS-Staat», Kap.: «Der permanente Kampf zwischen SS und antifaschistischen Kräften im Lager», S. 314 – 334
Zugleich:
Pineau, Christian: «Histoire vécue de la Résistance 1940 – 1945», Tome 2 «La simple vérité»

48) Kogon, Eugen: «Der SS-Staat», S. 330 f.

49) Langhoff, Wolfgang: «Die Moorsoldaten – 13 Monate Konzentrationslager», S. 260 f.

50) Durand, Pierre: «Les armes de l'espoir – les Français à Buchenwald et à Dora», S. 113

Zugleich:
F.N.D.J.R.P. (Hrsg.): «Buchenwald – Mahnung und Verpflichtung, Dokumente und Berichte», S. 443

51) Ben-David, Gershon: «Das kulturelle Leben und die erzieherische Tätigkeit im Ghetto Theresienstadt (1943 – 1945) und im Familienlager Auschwitz (1943 – 1944)»; Köln 2. Tonbandaufnahme, S. 64 f. – Interview mit Thomas Mantl (07.03.1966)

52) ebenda: S. 65 f.

53) ebenda: S. 65 f.

54) Ben-David, Gershon: «Die erzieherische Tätigkeit im Ghetto Theresienstadt 1941 – 1945 und im Familienlager der Theresienstädter Juden in Auschwitz 1943 – 1944» Interview mit Nava Shan (22.08.1965), Haifa, 2. Tonbandaufnahme, S. 17

55) ebenda: S. 31 f.

56) ebenda: S. 32 f.

57) Adler, Hans-G.: «Die verheimlichte Wahrheit / Zeugnisse und Berichte» Dokument Nr. 239

58) Ben-David, Gershon: «Die erzieherische Tätigkeit ...» Interview mit Nava Shan, Haifa, 2. Tonbandaufnahme (22.08.1965), S. 33

59) Trotz intensiver Suche in verschiedenen historischen und kunstgeschichtlichen Nachschlagewerken, war nicht zu ermitteln, wer oder was Kirow war und welche Bedeutung er für die Sowjets besaß. Zwar existiert eine Stadt gleichen Namens; aber es ist anzunehmen, daß es sich hier um eine besondere Persönlichkeit handelte.

60) Alleg, Henri (Hrsg.): «Les chemins de l'Espérance», S. 195

61) F.N.D.J.R.P. (Hrsg.): «Buchenwald: Mahnung und Verpflichtung / Berichte und Dokumente», S. 442

62) Lévy-Haas, Hanna: «Vielleicht war das alles erst ein Anfang – Tagebuch aus dem KZ Bergen-Belsen», S. 18

63) Amicale de Ravensbruck et l'Association des Deportées et Internées de la Résistance (Hrsg.): «Les Françaises à Ravensbruck», Kap.: «Triangle Rouge», S. 240

64) Bruno Apitz schrieb den bekannten Roman «Nackt unter Wölfen», der die Begebenheiten im KZ Buchenwald schildert.

65) Schneider, Wolfgang: «Kunst hinter Stacheldraht», S. 127

66) ebenda: S. 126

67) Die Musik schrieb Karl Schog, und den Text verfaßte Bruno Apitz.

68) Schneider, Wolfgang: «Kunst hinter Stacheldraht», S. 126 f.

69) F.N.D.J.R.P. (Hrsg.): «Buchenwald: Mahnung und Verpflichtung / Berichte und Dokumente», S. 449 f.

70) ebenda: S. 445 f.

71) ebenda: S. 447 f.

72) ebenda: S. 441 f.

73) Johe, Werner (Hrsg.): «Zur Geschichte der Konzentrationslager in Hamburg» – Kap.: «Kunst im Lager», S. 76

74) ebenda: S. 66

74a) Pan, Peter: «Lachen – trotz Tod und Teufel – Gesänge hinter Stacheldraht; Kriegsnotizen eines Kabarettisten 1939 – 1945», S. 16

75) Ben-David, Gershon: «Die erzieherische Tätigkeit im Ghetto Theresienstadt 1941 – 1945 ...» Interview mit Nava Shan (22.08.1965), Haifa, 2. Tonbandaufnahme, S. 19

76) Wellers, Prof. Dr. Georges: «L'étoile jaune à l'heure de Vichy – de Drancy à Auschwitz», S. 109

77) Langhoff, Wolfgang: «Die Moorsoldaten» – 13 Monate Konzentrationslager» – S. 191

78) Pan, Peter: «Lachen trotz Tod und Teufel – Gesänge hinter Stacheldraht / Kriegsnotizen eines Kabarettisten 1939 – 1945», S. 56

79) ebenda: S. 56

80) ebenda: S. 56

81) ebenda: S. 69 f.

82) ebenda: S. 71

83) ebenda: S. 56

84) Burghofer Tagblatt: «Kulturleben im Konzentrationslager» von Horst, Willy; Nr. 281, ohne Datum

85) Neues Deutschland vom 27.12.1966; Jakob, Bruno: «Erwin Geschonneck 60 Jahre / Alles Gute, Erwin!»

86) Johe, Werner (Hrsg.): «Zur Geschichte der Konzentrationslager in Hamburg», Kap. «Kultur im Lager» v. H. Chr. Meier, S. 65

87) Ben-David, Gershon: «Das kulturelle Leben und die erzieherische Tätigkeit im Ghetto Theresienstadt 1943 – 1945 und im Familienlager Auschwitz 1943 – 1945» Interview: Yehuda Bakon, Jerusalem, 17.11.1964 u. 21.12.1964, S. 42 ff.

88) Pineau, Christian: «Histoire vécue de la Résistance Tome 2 / La simple vérité 1940 – 1945», S. 296 ff.

89) Goldfarb, Alvin: «Theatre and Drama and the Nazi Concentration Camp», S. 36 (siehe dort: Anm. 669)

90) ebenda: S. 38 (Goldfarb zitiert hier das Werk von J. Turkov, S. 510 f.). Goldfarb sind in seiner Doktorarbeit folgende Fehler unterlaufen:
a) «Die Hochzeit» von Gogol wurde von Schorsch und nicht von K. Švenk inszeniert!
b) Norbert Frýd und nicht Švenk inszenierte das Stück «Esther»

91) Rat der Jüdischen Gemeinden in Böhmen und Mähren (Hrsg.): «Theresienstadt», Kap.: «Theater und Kabarett im Ghetto Theresienstadt» von Jana Švedová, S. 237

92) ebenda: S. 237

93) Ben-David, Gershon: «Die erzieherische Tätigkeit im Ghetto Theresienstadt 1941 – 1954 ...» Interview mit Nava Shan, Haifa; 22.08.1965, 2. Tonbandaufnahme, S. 1

94) ebenda: S. 2

95) Rat der Jüdischen Gemeinden in Böhmen und Mähren (Hrsg.): «Theresienstadt», Kap.: «Theater und Kabarett im Ghetto Theresienstadt» von Jana Švedová, S. 238

96) ebenda: S. 242

97) ebenda: S. 243

98) ebenda: S. 243

99) Ben-David, Gershon: «Die erzieherische Tätigkeit im Ghetto Theresienstadt ...» Interview mit Nava Shan, Haifa; 22.08.1965, 2. Tonbandaufnahme, S. 19

100) Adler, Hans, G.: «Die verheimlichte Wahrheit / Zeugnisse und Berichte», Dokumente 171, S. 248

101) ebenda: Dokumente 238, S. 352

102) Rat der Jüdischen Gemeinden in Böhmen und Mähren (Hrsg.): «Theresienstadt», Kap. «Theater und Kabarett im Ghetto Theresienstadt» von Jana Švedová, S. 244

103) Er schrieb unter anderem die Opern «Peer Gynt» und «Der Fremde»

104) In anderen Veröffentlichungen heißt es mitunter «Der Kaiser von Atlantis oder Die Verweigerung».

105) Die Besetzungsliste ist auf der Kopie des Dokuments «Der Kaiser von Atlantis oder Der Tod dankt ab» vermerkt.

106) Dr. Hans G. Adler lebt heute in Großbritannien. Er ist der Verfasser vieler Publikationen über das Getto Theresienstadt.

107) In: Kopie des Dokuments «Der Kaiser von Atlantis ...», S. 179

108) Grunewald, Jacquot (Redaktion): «Tribune Juive», Nr. 617, S. 20

109) Kopien des Dokuments «Der Kaiser von Atlantis ...» S. 1, 5, 17 (Die Kopien befinden sich im Besitz der Verfasserin)

110) Burgdorfer Tagblatt Nr. 281 (ohne Datum): «Kulturleben im Konzentrationslager» von Willy Horst

111) Interview der Verfasserin mit Erwin Geschonneck am 27. Juli 1982 in Dachau

112) «Film und Fernsehen», Nr. 12 / 81: «Die Blutnacht auf dem Schreckenstein» von Dr. R. Kalmar, S. 14

113) Titelblatt des Theaterstücks «Die Blutnacht auf Schloß Schreckenstein» von Dr. R. Kalmar. Dokument aus dem KZ Museum Dachau. Die Kopie des vollständigen Textes befindet sich im Besitz der Autorin.

114) Interview der Verfasserin mit Erwin Geschonneck am 27.07.1982 in Dachau.

115) «die tat», Nr. 5 (01.02.1980) KZ-Museums-Archiv Dachau: «Wie Ritter Adolar die Nazis lächerlich machte.»

116) ebenda

117) Interview der Verfasserin mit E. Geschonneck vom 27.07.1982, Dachau

118) «die tat», Nr. 5 (01.02.1980) KZ-Museums-Archiv Dachau: «Wie Ritter Adolar die Nazis lächerlich machte.»

119) Schulze, Walter (Hrsg.): «Gedankenlosigkeit tötet», S. 6

120) Hart, Kitty: «I am alive», S. 74

121) Ben-David, Gershon: «Die erzieherische Tätigkeit im Ghetto Theresienstadt ...» Interview mit Nava Shan, Haifa; 22.08.1965, 2. Tonbandaufnahme, S. 11

122) Adelsberger, Lucie: «Auschwitz – ein Tatsachenbericht», S. 54 ff.

123) Der Artikel von Moshe Fass «Theatrical activities in the Polish Gettos. During the Years 1939 – 1942», S. 70 ff., berichtet über den Spielplan der dortigen kleinen Theater.

124) Jolivot, Renée: «Sauver le moral», Artikel in «Le Progrès» (Tageszeitung von Lyon), 16.08.1945,, S. 4

124a) Amicale de Ravensbruck et l'Association des Déportées et Internées de la Résistance: «Les Françaises à Ravensbruck», Kap. «La maison (Hrsg.) des mortes» von Jacqueline Dufournier, S. 236

125) Weiß-Rüthel, Arnold: «Nacht und Nebel», S. 79, 122 f.

126) Ben-David, Gershon: «Die erzieherische Tätigkeit ...» Interview mit Nava Shan, Haifa, 22.08.1965, 2. Tonbandaufnahme, S. 8, 10 f., 16

127) ebenda: 2. Tonbandaufnahme, S. 14

128) Ben-David, Gershon: «Das kulturelle Leben und die erzieherische Tätigkeit ...» Interview mit Thomas Mantl, Köln, 07.03.1966, 2. Tonbandaufnahme, S. 66

129) F.N.D.J.R.P. (Hrsg.): «Buchenwald – Mahnung und Verpflichtung ...», S. 442

130) Rat der Jüdischen Gemeinden in Böhmen und Mähren (Hrsg.): «Theresienstadt», Kap. «Glühwürmchen» von Nava Shan, S. 283

131) ebenda: Kap. «Brundibár der Brummbär» von Rudolf Franĕk, S. 278 f.

132) Wiesel, Elie: «La Nuit»

133) Lévy-Haas, Hanna: «Vielleicht war alles erst der Anfang ...», S. 38

134) Ben-David, Gershon: «Fragen zur Chronik des Bundes der Kinder vom Lager Westerbork», Interview mit Leo Blumenson, Jerusalem, 07.09.1965, S. 22

135) Die Kinder und Jugendlichen vom Lager Westerbork verfaßten, auf Initiative von L. Blumenson, Berichte über ihre Aktivitäten – «Die Chronik».

136) «Chronik im Lager Westerbork»: Kap. XVIII, S. 48

137) Ben-David, Gershon: «Fragen zur Chronik ...» Interview mit L. Blumenson, 07.09.1965, S. 40

138) «Chronik im Lager Westerbork»: Kap. XXVI, S. 73

139) ebenda: Kap. XVI, S. 46 f.

140) ebenda: Kap. XVIII, S. 53

141) ebenda: Kap. XVIII, S. 54

142) ebenda: Nachwort, S. 11 ff.

143) Rat der Jüdischen Gemeinden in Böhmen und Mähren (Hrsg.): «Theresienstadt», Kap. «Theater und Kabarett ...» von Jana Sédová, S. 240

144) Pan, Peter: «Lachen trotz Tod und Teufel ...», S. 15

145) Ben-David, Gershon: «Die erzieherische Tätigkeit ...» Interview mit Nava Shan, Haifa; 22.08.1965, 2. Tonbandaufnahme, S. 6, 8

146) ebenda: S. 22

147) Interview der Verfasserin mit Frau Liliane Atlan, Paris, am 15. November 1982

148) Ben-David, Gershon: «Die erzieherische Tätigkeit ...» Interview mit Nava Shan, Haifa; 22.08.1965, 3. Tonbandaufnahme, S. 15 f.

149) ebenda: S. 10 f.

150) ebenda: S. 17

151) ebenda: S. 5

152) ebenda: 1. Tonbandaufnahme (02.08.1965), S. 40

153) Rat der Jüdischen Gemeinden in Böhmen und Mähren (Hrsg.): «Theresienstadt», Kap. «Theater und Kabarett ...» von Jana Sédová, S. 237

154) ebenda: S. 225

155) Koch, Magdalena: «An den Ufern der Zeit», S. 78

156) Jewish Social Studies: (Volume XXXVIII, Winter 1976, Nr. 1), Kap. «Theatrical activities ...» von Moshe Fass, S. 54 – 72

157) Rat der Jüdischen Gemeinden in Böhmen und Mähren (Hrsg.): «Theresienstadt», Kap. «Theater und Kabarett ...» von Jana Sédová, S. 238

158) Langhoff, Wolfgang: «Die Moorsoldaten ...», S. 283

159) ebenda: S. 287

160) ebenda: S. 284

161) Schoenberner, Gerhard: «Wir haben es gesehen / Augenzeugenberichte über Terror und Judenverfolgung im Dritten Reich», S. 262 f.

162) Rat der Jüdischen Gemeinden in Böhmen und Mähren (Hrsg.): «Theresienstadt», Kap. «Theater und Kabarett ...» von Jana Sédová, S. 238

163) ebenda: S. 197

164) ebenda: S. 123

165) Starke, Käthe: «Der Führer schenkt den Juden eine Stadt» (siehe Bericht über Filmaufnahmen)

166) Rat der Jüdischen Gemeinden in Böhmen und Mähren (Hrsg.): «Theresienstadt», S. 198 f.

167) «Stern», Zeitschrift; CDJC-Archiv: «Der Führer schenkt den Juden eine Stadt (Oktober 1964, ein genaueres Datum ist nicht anzugeben, da das Archiv nur Ausschnitte ohne Tagesangabe besaß).

168) Müller-Felsenburg, Alfred: «Werkverzeichnis 1980», Hagen, «Kurztexte zum Thema Kunst ...»

169) Interview der Verfasserin mit Frau Fanny Marette, Paris, 12.11.1982

170) Delbo, Charlotte: «Auschwitz et Après ...», S. 91

171) ebenda: S. 93

172) Interview der Verfasserin mit Frau Simone Floersheim, Chambéry, Januar 1982

173) Delbo, Charlotte: «Auschwitz et Après ...», S. 94 f.

174) Langhoff, Wolfgang: «Die Moorsoldaten ...», S. 178, 180

175) ebenda: S. 181 f.

176) ebenda: S. 181

177) Schneider, Wolfgang: «Kunst hinter Stacheldraht», S. 124 f.

178) ebenda: S. 124

179) ebenda: S. 124 f.

180) «Film und Fernsehen»: «Die Blutnacht auf Schloß Schrecken-stein» von Dr. R. Kalmar, S. 14 f.

181) ebenda: S. 15

182) Rat der Jüdischen Gemeinden in Böhmen und Mähren (Hrsg.): «Theresienstadt», Kap. «Theater und Kabarett ...» von Jana Sé-dová, S. 230

183) ebenda: Kap. «Brundibár der Brummbär» von R. Franèk, S. 274, 279

184) ebenda: Kap. «Glühwürmchen» von Nava Shan, S. 283 f.

185) Müller-Felsenburg, Alfred: «Werkverzeichnis 1980», Hagen

186) Westfalenpost, Hagen: Lokalausgabe (Nr. 63) vom 16.03.1983, «Marterndes Leiden eines Volkes ...» von Marianne Hoppe

187) Rat der Jüdischen Gemeinden in Böhmen und Mähren (Hrsg.): «Theresienstadt», S. 234

188) Fiedler, Konrad: «Über die Beurteilung von Werken der bilden-den Kunst», S. 53 f.

189) Delbo, Charlotte: «Auschwitz et Après ...», S. 95 f.

190) Wiechert, Ernst: «Der Totenwald – Ein Bericht», S. 119 f.

9. Literaturverzeichnis

I. Bücher

Adelsberger, Lucie: *«Auschwitz – Ein Tatsachenbericht»*, Lettner Verlag, Berlin 1956

Adler, Hans G: *«Die verheimlichte Wahrheit – Zeugnisse und Berichte»*, I. C. Mohr, Paul Liebeck, Tübingen 1958

Adler / Langbein / Lingens-Reiner (Hrsg.): *Auschwitz – Zeugnisse und Berichte*, Europäische Verlagsanstalt, Frankfurt a. M., 1962

Alcan, Louise: *Sans armes et sans bagages*, Les imprimers d'Art, Limoges 1945 / 46

Alcan, Louise: *Le temps écartèle*, Imprimerie Truchet, St. Jean-de-Maurienne 1980

Alleg, Henri (Hrsg.):*Les Chemins de l'Espoir*, Éditions F.N.D.J.R.P., Paris 1975

L'Amicale de Ravensbruck et l'Association de Déportées et Internées de la Résistance (Hrsg.): *Les Françaises de Ravensbruck*, Éditions Gallimard, Paris 1965

Apitz, Bruno: *Nackt unter Wölfen*, Rowohlt, Leck 1961

Atlan, Liliane: *Monsieur Fugue ou Le mal de terre*, Édition du Seuil, Paris 1976

Bergengruen, Werner: *Dies irae – Eine Dichtung*, Verlag Kurt Desch, München 1947

Bondy, Ruth: *Edelstein heged ha zman*, Tel Aviv (ohne Jahresangabe)

Bor, Josef: *Die verlassene Puppe, Roman*, Buchverlag Der Morgen, Berlin 1964
Theresienstädter Requiem, Sigbert Mohn Verlag, Gütersloh 1966

Brecht, Bertold: *Die Dreigroschenoper*, Edition Suhrkamp, Frankfurt a. M. 1980 (15. Auflg.)

Brunet, Pierre: *Les Martyrs de Neuengamme*, Cercle Historia, Jules Tallandiers, Paris 1975

Buchheim / Brozart / Jacobsen / Krausnik (Hrsg.): *Anatomie des SS-Staates – Band I und Band II*, Walter Verlag, Olten und Freiburg, 1965

Delbo, Charlotte: *Le Convoi du 24. Janvier*, Les Éditions de Minuit, Paris 1965

Auschwitz et Après – Une Connaissance inutile, Les Éditions de Minuit, Paris 1970

Qui rapportera ses paroles?, Edition Pierre Jean Oswald, Paris 1974

Don-Zimmet, Paulette: *Les Voix sans Visages*, Imprimerie Franco Suisse, Ambilly-Annemasse (ohne Jahresangabe)

Drobisch, Klaus: *Widerstand hinter Stacheldraht*, Dietz Verlag, Berlin 1962

Durand, Pierre: *Les armes de l'espoir – Les Français à Buchenwald et à Dora*, Éditions sociales, Paris 1977

Dworzecki, M.: *Histoire des Camps Nazis en Estonie (1941 – 1945)*, Université Bar Ilan, Tel Aviv 1967

Épagneul: *Dans les Géoles Allemandes / Niort – Poitiers – Compiègne*, F. Soulisse-Martin, Niort 1944

Fiedler, Konrad: *Über die Beurteilung von Werken der bildenden Kunst*, A. Henn Verlag, Ratingen 1960

F.N.D.J.R.P. (Hrsg.): *Buchenwald – Mahnung und Verpflichtung*, Kongreß Verlag, Berlin 1960

Fenélon, Fania: *Das Mädchenorchester von Auschwitz*, Deutscher Taschenbuchverlag (dtv), Frankfurt a. M. 1980

Goldfarb, Alvin: *Theatre and Drama and the Nazi Concentration Camps*, City University of New York – University Microfilms International, New York 1978

Hart, Kitty: *I am alive*, Abelard-Shuman Verlag, London, New York, Toronto 1961

Heilig, Bruno: *Menschen am Kreuz*, Verlag Neues Leben, Berlin (ohne Jahresangabe)

Höss, Rudolf: *Kommandant in Auschwitz – Autobiographische Aufzeichnungen*, Deutsche Verlagsanstalt, Stuttgart 1958

Institut für Zeitgeschichte (Hrsg.): *Gutachten des Instituts für Zeitgeschichte*, Im Selbstverlag des Instituts f. Z., München 1958

Internationaler Suchdienst Arolson: *Vorläufiges Verzeichnis der Konzentrationslager und deren Außenkommandos sowie anderer Haftanstalten unter dem Reichsführer SS in Deutschland und deutsch besetzten Gebieten 1933 – 1945*, Selbstverlag des I. S. A., Arolsen, im Februar 1969

Johe, Werner (Hrsg.): *Neuengamme – zur Geschichte der Konzentrationslager in Hamburg*, Veröffentlichung der Landeszentrale für pol. Bildung, Hamburg 1981 (2. Auflage)

Kantor, Alfred: *Das Buch des Alfred Kantor*, Molden Verlag, Wien, München 1972

Koch, Magdalene: *An den Ufern der Zeit – Lyrik*, Rudolf Appelt Verlag, Gevelsberg 1977

Koestler, Arthur: *Scum oft Earth*, The Macmillan Company, New York 1941

Kogon, Eugen: *Der SS-Staat – Das System der deutschen Konzentrationslager*, Bertelsmann Reinhard Mohn oHG, Gütersloh 1974

Laks, Simon / Coudy, René: *Musique d'un Autre Monde*, Mercèvre de France, Paris 1948

Langbein, Hermann: *Menschen in Auschwitz*, Europa Verlag AG, Wien 1972

... nicht wie die Schafe zur Schlachtbank. Widerstand in den nationalsozialistischen Konzentrationslagern Fischer Taschenbuch Verlag, Frankfurt a. M. 1980

Langhoff, Wolfgang: *Die Moorsoldaten – 13 Monate Konzentrationslager*, Schweizer Spiegel Verlag, Zürich 1935

Levi, Primo: *J'ètais um homme*, Buchet-Chastel Verlag, Paris 1961

Levi, Nora: *The Holocaust – the destruction of European Jewry 1933 – 1945*, Thomas Y. Crowall Company, New York 1968

Lévy-Haas, Hanna: *Vielleicht war das alles erst der Anfang – Tagebuch aus dem KZ Bergen-Belsen* – Rotbuch Nr. 191, Rotbuch Verlag, Berlin 1979

Loewenstein, Rudolph M.: *Psychoanalyse des Antisemitismus*, Suhrkamp Verlag, Frankfurt a. M. 1968

Manson, Jean: *De la Résistance à la Déportation / Pages d'Histoire Recente pour Servir â l'Instruction Civique*, OEuvres Sociales d L'U.N.A.D.I.F., Paris 1965

Marette, Fanny: *J'étais le nr. 47.177*, Verlag Robert Laffont, Paris 1954

Maršálek, Hans / Kohl, Josef: *Mauthausen – Wegweiser durch das ehemalige Konzentrationslager*

Mauthausen mahnt
Beide Werke im Selbstverlag des Mauthausen Komitees des Bundesverbandes der österreichischen KZ-Häftlinge und politisch Verfolgter, Wien (ohne Jahresangabe)

Miller, Arthur: *Spiel um Zeit – Ein Fernsehfilm*, Fischer Taschenbuch Verlag GmbH, Frankfurt a. M. 1981

Müller-Felsenburg, Alfred: *Sie verändern die Welt – Gestalten unserer Zeit in Erzählungen und Berichten*, Verlag Fredebeul & Koenen, Essen-Werden 1967
Werkverzeichnis 1980, Kooperative Dürnau; Dürnau/Hagen 1980

Pan, Peter: *Lachen – trotz Tod und Teufel – Gesänge hinter Stacheldraht / Kriegsnotizen eines Kabarettisten 1939 – 1945*, VEB Friedrich Hofmeister, Leipzig 1962

Pineau, Christian: *Histoire vécue de la Résistance 1940 – 1945 / Tome 2 / La simple Vérité*, Éditions Famot, Genève 1976

Pouzol, Henri: *La Poésie Concentrationnaire*, Édité par F.N.D.J.R.P., Paris 1970

Rat der Jüdischen Gemeinden Böhmen und Mähren (Hrsg.): *Theresienstadt*, Aus dem Englischen übersetzt von Walter Hacker, Europa Verlag, Wien 1968

Rost, Nico: *Goethe in Dachau – Literatur und Wirklichkeit*, Verlag Volk und Welt (ohne weitere Angaben)

Schneider, Wolfgang: *Kunst hinter Stacheldraht*, VEB E. A. Seemann, Leipzig 1976

Schoenberner, Gerhard (Hrsg.): *Wir haben es gesehen*, Augenzeugenberichte über Terror und Judenverfolgung im Dritten Reich, Rütten und Löning Verlag, Hamburg 1962

Schulze, Walter (Hrsg.): *Gedankenlosigkeit tötet – Aphorismen*, Verlag Internationaler Arbeitskreis Sonnenberg, Braunschweig 1962

Starke Käthe: *Der Führer schenkt den Juden eine Stadt*, Haude und Spenersche Verlagsbuchhandlung, Berlin 1975

Thuault, André: *Un soir dans les barbelés*, Drame réaliste en 3 actes, 1949 (weder Orts- noch Zeitangabe. Verlagsname fehlt auch)

Uris, Leon: *Mila 18 – Roman*, Wilhelm Heyne Verlag, München 1974 (5. Auflage)

Weiß-Rüthel, Arnold: *Nacht und Nebel*, Verlag Herbert Kluger, München 1946

Wellers, Georges: *L'Étoile Jaune à l'heure de Vichy – de Drancy à Auschwitz*, Librairie Arthème Fayard, Paris 1973

Wiechert, Ernst: *Der Totenwald – Ein Bericht*, Verlag Kurt Desch, München 1947

Wiesel, Elie: *La Nuit*, Les Éditions de Minuit, Paris 1958

Wormser, Olga / Michel, Henri (Hrsg.): *Tragédie de la Déportation 1940 – 45 Témoignages des survivants*, Verlag Hachette, Paris 1954

II. Zeitschriften

Burgdorfer Tagblatt, Nummer 281 (KZ-Museum Dachau, Archiv) Horst Willy: «Kulturleben im Konzentrationslager»

Centerpoint, a journal of Interdisciplinary Studies, Fall 1980, Volume 4, Nr. 1, New York, «The Holocaust», Spitzer, Walter: «The artist as witness»

Film und Fernsehen, ISSN 0323 – 3227, Nummer 12/81 (KZ-Museum Dachau, Archiv) Kalmar, Rudolf: «Die Blutnacht auf Schloß Schrekkenstein», 3 – 16)

Hefte von Auschwitz Nr. II, Verlag Staatliches Auschwitz-Museum (1970)

Jewish Social Studies, Volume XXXVIII, Winter 1976, Nr. 1, New York 100.25, 2929 Broadway N. Y.
Fass, Moshe: «Theatrical Activities in the Polisch Ghettos» (S. 54 – 72)

Judaica Bohemia, Volume XVIII. Nr. 1, Prag 1982, Státni Zidovské Muzeum, Škochová, Jarmila: «Das literarische Schaffen Karel Fleischmanns im KZ Theresienstadt»

Allgemeine Jüdische Wochenzeitung, 12. / 19. Juni 1981, Düsseldorf, Kammertöns, K. H.: «Für unser Land eine Notwendigkeit – künstlerische Dokumente aus Konzentrationslagern»

The Living Witness, Oktober 18 – November 19, 1978, 55, North Fifth Street, Philadelphia, Pennsylvania – International Conference on the Lessons of the Holocaust, Museum of American Jewish History: «Art in the Concentration Camps»

Neues Deutschland, 27.12.1966 (KZ-Museum, Dachau, Archiv), Jakob, Bruno: «Erwin Geschonneck 60 Jahre alt. Alles Gute, Erwin!»

Le Progrès, Quotidien de Lyon, 16.08.1945 – Jolivot, Renée: «Sauver le morale», S. 4

Stern, Oktober 1954, Hamburg (CDJC-Archiv), Nr. 9433) – «Der Führer schenkt den Juden eine Stadt»

die tat, Nr. 5, 01.02.1980 (KZ-Museum Dachau, Archiv), Bericht: «Wie Ritter Adolar die Nazis lächerlich machte»

Tribune Juive, Nr. 617, Paris (CDJC, Archiv), Redaktion: Grunewald, Jacquot

Westfalenpost, 16. März 1983, Nr. 63, Hagen, Marianne Hoppe: «Marterndes Leiden eines Volkes zwischen Mahlsteinen der Politik. Johannespassion mit Echtheit und Gefühlstiefe.»

Yas Vashem Studies, 1968, Jerusalem Edité: Livia Rothkirchen – «On
the European Jewish Catastrophe and Resistance VII», Halperin,
Irving: «Spiritual Resistance in Holocaust Literature» (S. 75 – 83)

III. Interviews und Dokumente

Interviews der Verfasserin mit:

Mme. Liliane Atlan	15. / 17.11.1982, Paris
Général Pierre Brunet	19.11.1982, bei Paris
Mme. Simone Floersheim	10.01.1982, Chambéry
Erwin Geschonneck	27.07.1982, Dachau
Serge Klarsfeld	03.11.1982, Paris
Adi Maislinger	28.07.1982, Dachau
Mme. Fanny Marette	12.11.1982, Paris
Frau Nava Shan	Nov. / Dez. 81, Briefwechsel
Prof. Dr. Georges Wellers	03.11.1982, Paris

Dokumente

Exposition – Résistance – Déportation, inaugurée par V. Giscard
D'Estaing, Paris, Chancellerie de l'ordre de la libEration. 1980
Document Nr. Q 16.410
Bibliothèque de Documentation Internationale Contemporaine
(B.D.J.C.), Paris
...

Documents de Bergen-Belsen, de Feder, M., 106, Rue de la Folie, Paris
1959, Document Nr. CD II 25-40

Drancy (Images de Drancy), don du Baron de Rothschild
Document Nr. 16.747

Die Mächtigen und die Hilflosen
Document Nr. 5343

Spiritual Resistance – Art from Concentration Camps
Kibbutz Lohamei Haghetaot, Israel
Document Nr. 17.056
Centre de Documentation Juive Contemporaine (C.D.J.C.), Paris
...

Déportation – Témoignages Ravensbruck
Aussagen von:
Boissonade, Louise, (infirmière),
Edinger, Yvonne (Résistance),
Jolivot, Renée (deporté),
Rosenberg, Liliane (fille deportée à l'âge de 10 ans),
Roubenne, Madeleine,
Schwarzhuber, Johann (SS).

Témoignage sur Auschwitz
Interview avec Raymond Kamioner par M. Douvette
Féderation Nationale des Déportés et Internés Résistance et Patriotes
(F.N.D.J.R.P.) Paris.
...

Erlebnisse im KZ Dachau 1942 – 1954
Maschinengeschriebener Bericht von Josef Vogt, unveröffentlicht.
Aktenzeichen: 2687/61, F-64
Institut für Zeitgeschichte, Archiv, München (IfZ)
...

Hoffmann, Friedrich: *Und wer Euch tötet ...*
Leben und Leiden der Priester in den Konzentrationslagern
Unveröffentlichtes Dokument, maschinenschriftlich abgefaßt,
Prerau 1946 – Dokument Nr. AD 31
KZ-Museum Dachau (Archiv)
...

Ben-David, Gershon: *Das kulturelle Leben und die erzieherische Tätigkeit im Ghetto Theresienstadt 1943 – 45 und im Familienlager
Auschwitz 1943 – 45*, Interview mit Yehuda Bakon, Universität Jerusalem, Machon Le Jehudat, Smanenu, 17.11.1964, 21.12.1964 – Tape-
Nr. 523

Fragen zur Chronik des Bundes der Kinder vom Lager Westerbork,
Interview mit Leo Blumenson, 2. Sitzung, Universität Jerusalem,
07.09.1965 – Tape-Nr. 683

Die Chronik der Kinder des Lagers Westerbork,
Tape-Nr. 683

Nachwort zur Chronik der Kinder des Lagers Westerbork,
Tape-Nr. 683

Kulturleben und Erziehung im Ghetto Theresienstadt und Auschwitz,
  Interview mit Trudi Groag, Universität Jerusalem, 21.09.1965 – Tape-Nr. 765

*Das kulturelle Leben und die erzieherische Tätigkeit im Ghetto There-
  sienstadt (1943 – 1945) und im Familienlager Auschwitz (1943 –
  1944)*,
  Interview mit Thomas Mantl, Köln, 07.03.1960 – Tape-Nr. 984

*Die erzieherische Tätigkeit im Ghetto Theresienstadt 1941 – 45 und
  im Familienlager der Theresienstädter Juden in Auschwitz 1943 –
  1944*, Interview mit Nava Shan, Haifa – Drei Tonbandaufnahmen,
  02.08.1965, 22.08.1965, 28.08.1965 – Tape-Nr. 581

Ullmann, Victor / Kien, Peter: *Der Kaiser von Atlantis oder Der Tod
  dankt ab*
  Keine Datumsangabe, keine näheren Angaben.

Yad Vashem, Dokumentationszentrum über den Holocaust der Juden
  im Dritten Reich, Jerusalem

10. Anhang (Verzeichnis des Inhalts)

Anmerkung:

Ursprünglich war geplant worden, gesammeltes und kopiertes Anschauungsmaterial im vorliegenden Buch aufzunehmen. Das erwies sich aus drucktechnischen Gründen als nicht möglich, da die Texte und Bilder nur unvollkommen hätten wiedergegeben werden können. Die Arbeiten, vor rund einem halben Jahrhundert entstanden, sind begreiflicherweise teilweise in einem desolaten Zustand gefunden und dann archiviert worden. Zum anderen hätte ein solcher Anhang den Umfang der Dokumentation erheblich erweitert und somit verteuert. Deshalb entschlossen sich Autorin und Verlag zu einer sinnvollen Kürzung des Ganzen und verzeichnen hier, in Form eine Liste, um welche Materialien es sich handelte und wo sie aufzufinden sind. Wer den gesamten Stoff einsehen möchte, kann sich an die Autorin, Frau Angela Esther Metzger M.A., telefonisch wenden: 0033 1 3989 0483. Außerdem ist nachfolgend angegeben, wo die Unterlagen noch aufzufinden oder einzusehen sind.

I. Anschauungsmaterial über Theater im KZ

1. *Noël au Studio 34 – Revue*
   Aus: Pineau, Christian: «Histoire vécue de la Résistance 1940 – 1945», Tome 2
   «La simple verité» – S. 296 – 315
2. *«Die Blutnacht auf Schloß Schreckenstein oder Ritter Adolars Brautfahrt und ihr grausiges Ende oder Die wahre Liebe ist das nicht»*, vollständiges Theaterstück.
   Aus: KZ-Museum Dachau, Archiv
3. *Programm der Aufführungen im Warschauer Getto von Januar 1941 bis Juni 1943*
   Aus: Jewish Social Studies
   Volume XXXVIII, Winter 1976, Nr. 1
   New York 100, 25 2929 Broadway N.Y.
   Fass, Moshe: «Theatrical Acitvities in the Polish Ghettos» – S. 70 – 72.

II. Anschauungsmaterial über andere kulturelle Aktivitäten
in den Lagern

1. *«Chanteuse»*
   Bild Nr. 38 (Kopie) aus «Drancy – images de Drancy» – don du
   Baron Elie de Rothschild, C.D.J.C. – Dokument Nr. 16.747
   KZ-Museum Dachau, Archiv
2. *«Denkst du noch daran ...»*(Tango)
   Dokument Nr. 6541, KZ-Museum Dachau, Archiv
3. *«Morgenrot»*(Lied)
   Dokument Nr. 3115/2, KZ-Museum Dachau, Archiv
4. *«Ceux que j'amais ...»*(Lied)
   Dokument Nr. 3112/2, KZ-Museum Dachau, Archiv
5. Programm zur *«Weihnachtsfeier 1944 im Arbeitslager Allach»*
   Dokument Nr. 3486/2, KZ-Museum Dachau, Archiv
6. *«Conférence»*(Bild)
   Bild Nr. 37 aus «Drancy – images de Drancy» – don du Baron
   Elie de Rothschild,
   CDJC, Dokument Nr. 16 747
7. *«Terezin's Café»*
   Zeichnung in «Das Buch des Alfred Kantor», Molden Verlag,
   Wien, München 1972
8. *«Einer der vielen Höfe in Theresienstadt»*
   Zeichnung in «Das Buch des Alfred Kantor», Molden, Wien,
   München 1972, S.16
9. *«Theresienstadt wird zivil»* (Fritz Fritta) und
   «Betstunden und Theater» (Fritz Fritta) –
   Zeichnungen in: Hans G. Adler «Die verheimlichte Wahrheit»,
   Tübingen 1958, S. 266
10. *«Vor der Deportation»* (Herta Metz Baumgarten) und
    «Sanft in Frieden»
    Zeichnungen in: Hans G. Adler «Die verheimlichte Wahrheit»,
    Tübingen, S. 282
11. *«Terezin 1943 – 1944»* (Schalkova, Malvina)
    Zeichnung, KZ-Museum Dachau, Archiv, Dokument Nr. 14.099
12. *Vier Kinderzeichnungen aus dem Theresienstädter Getto*
    Bilder aus: «Kresby Dèty Na Zastávcé k smrti», Praha 1967 –
    KZ-Museum Dachau, Archiv

13. *Anleitung zu einem in Theresienstadt entworfenen Würfelspiel*
     Aus: Hans G. Adler «Die verheimlichte Wahrheit», Tübingen,
     S. 253
14. *Schmuck aus Theresienstadt*
     Aus: Hans G. Adler «Die verheimlichte Wahrheit», Tübingen,
     S. 175
15. *Ein von Häftlingen hergestelltes Schachspiel*
     Dokument Nr. 5758, KZ-Museum Dachau, Archiv
16. *«Fußballspiel in der Dresdner Kaserne – unser Sonntagsvergnü-
     gen»*
     Zeichnung in: «Das Buch des Alfred Kantor», Molden, Wien,
     München 1972, S. 21
17. *Tabelle über die «Fußball-Liga in Theresienstadt»*
     Zeichnung in Hans G. Adler «Die verheimlichte Wahrheit», Tü-
     bingen 1958, S. 249

11. Über die Autorin

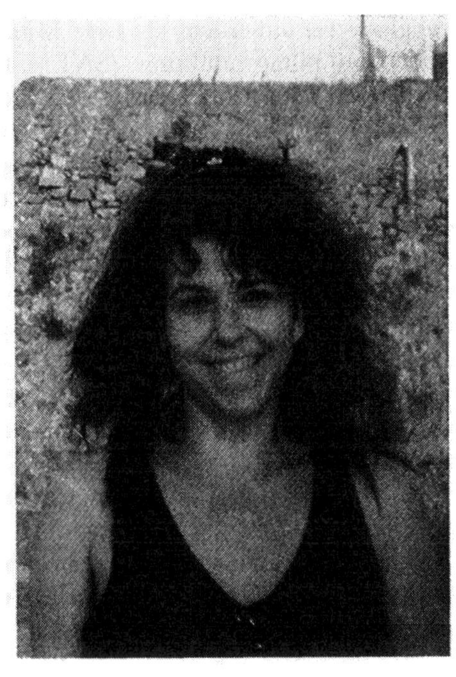

Angela Esther Metzger wurde am 29. März 1958 als jüngere Tochter des Autors Alfred Müller-Felsenburg und seiner Ehefrau Agnes in Hagen geboren. Die ersten Lebensjahre verbrachte sie in Halver und Ratingen, bis die Familie 1964 nach Hagen zog. Das Abitur legte sie an der Hildegardisschule 1977 ab. Anschließend studierte sie an der Ludwig-Maximilians-Universität, München, Zeitungs- und Theaterwissenschaft, neuere deutsche Literatur und Judaistik, errang 1983 den Grad eines Magister Artium (M. A.). Noch als Schülerin volontierte sie 1974 am Stadttheater und weilte 1976 als Hostess in Montluçon, der französischen Partnerstadt Hagens. In München absolvierte sie 1977 / 78 einen jounalistischen Grundkurs bei der Süddeutschen Zeitung. Ein Hörspielpraktikum beim Bayrischen Rundfunk schloß sich 1978 / 79 an; und beim ZDF nahm sie 1979 an einem Fernsehpraktikum teil. Zwei Jahre war sie bei «steyl-medien», München, als Sprecherin für Cassetten- und Hörbildaufnahmen beschäftigt. Einem Theater- und Regie-Seminar-Team unter Leitung des Schauspielers Jürgen Goslar gehörte sie 1980 – 81 an. «RCL-Radio Locale Chambéry» in Savoyen / Frankreich verpflichtete sie zeitweilig als Redaktionsmitglied. Sie hatte die Funktion einer Radiosprecherin (1981); und im Mai 1982 übersetzte sie deutsche und französische Texte für die «Cooperative d'Insemination Artificielle et d'Elévage de Race Tarine», Chambéry. Von April 1984 bis Juli 1986 verdiente sie sich ihr Geld als Sekretärin und Übersetzerin (deutsch/französisch/englisch) bei der Firma Lloyd Industriel, Paris. Ein anschließendes Weiterbildungsseminar zur Ausbildung als Direktionssekretärin schloß sie mit der Note «sehr gut» ab; und im selben Jahr fungierte sie außerdem als freie Mitarbeiterin bei der «Medias-Res Video und Filmproduktion» (SAT 3). 1987 beschaffte sie, ebenfalls als freie Mitarbeiterin und in der Funktion eines «Local Managers», in Boulogne bei Paris für die GST Film- und Fernsehproduktion, München-Grünwald, insbesondere Unterlagen für den Dokumentarbericht «Tod in Paris – Abbé Stock – Ein Deutscher zwischen den Fronten».

Die Autorin, die sich schon während ihrer Schulzeit mit Religion, Sprache und Geschichte des «Auserwählten Volkes» intensiv beschäftigt hatte, konvertierte 1983 – nach ihrer Hochzeit mit Fabrice Metzger, einem französischen Juden –, zum mosaischen Glauben und lebt inzwischen mit ihrer Familie (zwei Töchter, ein Sohn) in Soisy sous Montmorençy, einer am Nordrand von Paris gelegenen Stadt. Alljährlich kommt sie mehrfach nach Deutschland, um ihre Eltern aufzusuchen und um die Mehrsprachigkeit ihrer Kinder, die sowohl deutsch als auch französisch und im Anfangsstadium Ivrit / Hebräisch sprechen, zu fördern.

Ihre Arbeit «Wahrheit aus Tränen und Blut» kann folgerichtig als ein Fazit ihrer Erfahrungen, Einsichten und gewonnenen Überzeugungen gewertet und verstanden werden.